日本語ライブラリー

日本語の音

沖森卓也
木村　一
［編著］

安部清哉
加藤大鶴
吉田雅子
［著］

朝倉書店

編著者

沖森 卓也（おきもり たくや）	立教大学文学部	（1章）
木村 一（きむら はじめ）	東洋大学文学部	（2.1, 2.2節）

著　者

安部 清哉（あべ せいや）	学習院大学文学部	（3章, 4.3節）
加藤 大鶴（かとう だいかく）	東北文教大学短期大学部	（2.4節, 4.1, 4.2節）
吉田 雅子（よしだ のりこ）	実践女子大学	（2.3, 2.5節）

はじめに

　ことばが具体性をもつのは唯一その発音においてです．話しことばでは，発せられた音が意味と結びついて語を構成し，それが運用されてまとまった事柄を言い表します．音そのものは私たちの周りにたくさんありますが，日本語と関わる音は有限で，しかも，語（単語）の数に比べると圧倒的に少数です．つまり，ことばの音は少数の基本的単位（たとえば，子音や母音）を体系として有し，それを組み合わせることで，今後も新語が増え続けるという意味において無限と言ってもよいほどの語を構成するのです．

　ただ，使い慣れていて当たり前の母国語であるだけに，その音について気に留めることはあまりないのが普通でしょう．しかし，ことばの根本をなすという意味で音の側面にも理解を深めておくことは円滑なコミュニケーションのためにも必要不可欠です．

　そこで，日本語の音について広く深く学べるように本書を編集しました．ことばの音についての基礎的な事項を踏まえ，アクセント・イントネーションを含めてさらに，方言や歴史的変遷，また，語をめぐる音の諸相についてもわかりやすく解説してあります．

　ことばの音についての理解を通して，日本語に対する関心，そして愛着がいっそう深まるとともに，外国語との比較によって，グローバルな視点から日本語を見つめ直すきっかけとなることを願ってやみません．

　2017 年 3 月

編　　者

目　　次

1　言語と音────────────────【沖森卓也】*1*
  1.1　音　声 ·· 1
    1.1.1　言語音　1
    1.1.2　音声と音声器官　2
    1.1.3　単　音　4
    1.1.4　子　音　6
    1.1.5　母　音　9
    1.1.6　補助記号　10
  1.2　音素と音韻 ··· 11
    1.2.1　音　素　11
    1.2.2　音　韻　12
  1.3　音　節 ·· 13
  1.4　音　調 ·· 15
    1.4.1　アクセント　16
    1.4.2　アクセント以外の音調　18

2　日本語の音声・音韻────────────────*20*
  2.1　日本語の音声・音韻 ·································【木村　一】20
    2.1.1　日本語の母音　20
    2.1.2　日本語の子音　22
    2.1.3　日本語の音韻と音素　27
    2.1.4　母音の無声化　31
    2.1.5　ガ行鼻音・半濁音　32
    2.1.6　外来語に用いる子音　35
  2.2　日本語の音節と拍 ·····································【木村　一】36
    2.2.1　音　節　37
    2.2.2　拍　39

2.3　アクセント··【吉田雅子】41
　　　2.3.1　日本語のアクセント　41
　　　2.3.2　名　詞　43
　　　2.3.3　固有名詞　45
　　　2.3.4　複合名詞　47
　　　2.3.5　動詞・形容詞　48
　　　2.3.6　副詞その他　50
　　2.4　イントネーションとプロミネンス················【加藤大鶴】52
　　　2.4.1　イントネーションとは　52
　　　2.4.2　話し手の表現意図や気持ち（モダリティ）の表出　53
　　　2.4.3　句頭のイントネーション　53
　　　2.4.4　アクセントの弱化と文法構造　55
　　　2.4.5　イントネーションの諸相　56
　　　2.4.6　プロミネンス　56
　　2.5　方　言··【吉田雅子】57
　　　2.5.1　方言の発音　57
　　　2.5.2　方言のアクセント　66

3　音　韻　史　　　　　　　　　　　　　　　【安部清哉】*76*

　　3.1　音韻の変容 ── 音韻史通覧··76
　　3.2　音の歴史的変化··77
　　　3.2.1　上代（奈良時代）　77
　　　3.2.2　中古（平安時代）　82
　　　3.2.3　中世前期（鎌倉時代）　85
　　　3.2.4　中世後期（室町時代）　86
　　　3.2.5　近世（江戸時代）　89
　　　3.2.6　明治時代以降（近代・現代）　91
　　3.3　アクセントの歴史··93
　　　3.3.1　アクセントの歴史を調べる方法　93
　　　3.3.2　アクセント（京都）の変遷上の特徴　95

4 語形と音変化 ――――――――――――――――――――――― *99*
  4.1 語の音構造 …………………………………………【加藤大鶴】 100
    4.1.1 和　語　99
    4.1.2 漢　語　102
  4.2 音変化の諸相 …………………………………………【加藤大鶴】 106
    4.2.1 母音交替と子音交替　106
    4.2.2 連濁と連声　109
    4.2.3 同化と異化　113
    4.2.4 脱落と添加　116
    4.2.5 その他の変化　119
  4.3 その他の語形の変化 …………………………………【安部清哉】 123
    4.3.1 音変化・語形変化の諸相――音（韻）変化から語形交替までの術語　123
    4.3.2 語義の介在する語形変化　124
    4.3.3 古形への回帰　130
    4.3.4 言葉遊び・修辞法による語形変化　131

参考文献 ……………………………………………………………………… 133
索　引 ………………………………………………………………………… 137

第1章　言語と音

1.1　音　　声

1.1.1　言　語　音

a. 音の性質

　音は，物体の振動によって物理的に作り出される．物体をとりまく空気（などの媒質）に圧力を加え，振動を起こすことで音波（acoustic wave）が生じ，空気中を伝わったものが聴覚で受け取られる．人間が音波を受け取る器官は一般に耳であり，その感覚器官を聴覚器官とも呼ぶ．聴覚器官の神経細胞が空気振動の波動に刺戟され，電気的信号となって大脳に達することで音を感じるのである．

　音波は気体・液体・固体のいずれかの媒質を介した疎密波（物質の密度の変化が伝わる縦波）であり，そのさまざまな特徴（振幅・周期・周波数など）を感じ取ることで音として知覚される．

　振幅とは振動の幅のことで，空気圧の基準点（静止，または釣り合いの取れた位置）から変動が最大となる範囲（図 1.1 の AC または BD 間の距離）をいう．周期とは，一定時間同じ現象が繰り返される場合の，その1回分の現象にかかる時間（図 1.1 の OX 間の時間）をいう．周波数とは，同じ現象が繰り返される場合の，1秒間におけるその回数（振動数）を指し，ヘルツ（Hz）という単位で表される．

　このような性質をもつ音波によって構成される音の特徴には，高さ・強さ・長さ・音質があり，それらがそれぞれの言語において有意な音の違いとして認識されることで，ことばとして理解される．音の高さは周波数によって決定され，周波数が高いほど音が高い．音の強さは振幅によって決定され，振幅が大きいほど音が強い．音

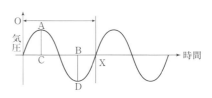

図 1.1　音波の性質

の長さは繰り返し振動する．その持続時間が長いほど音が長い．音質は音色などともいわれるが，音を区別する場合の最も基本的な特徴である．ふつう周波数や振幅の異なる波動は複合しており，それによってさまざまな音質が出現する．

b. 言語音

人間が聞き取れる周波数は個人差もあるが，およそ 20～20,000 ヘルツ（Hz）であり，中でも聞き取りやすいのは 1,000～3,500 ヘルツといわれている．このほか，低周波の大きな音のように，触覚によって振動が感じ取られる場合もある．

このような音は，物の動き，物と物がぶつかる音，風や波の音，鳥のさえずり，犬や猫の鳴き声，ピアノの音など，私たちのまわりに，実にさまざまに存在する．歌声や楽器の音のように快く感じる「楽音」もあれば，人が不快に感じる「騒音」，有意な音を知覚するためには邪魔になる「雑音」など，その定義も多様である．人間が発する音に限っても，空腹時の腹の音やおならなどの生理的な音，拍手やノック，足踏みのような，身体を何かにぶつけて発する動作音のほかにも，口や鼻などから発する音に次のようなものがある．

① あくび・せき・くしゃみ　　反射音（無意識的・非分節的）
② 口笛・鼻歌　　　　　　　　遊戯音（　意識的・非分節的）
③ 舌打ち　　　　　　　　　　表情音（　意識的・非分節的）
④ ことば　　　　　　　　　　言語音（　意識的・　分節的）

人間のことばは，音・語・文などにおける有限の単位をさまざまに組み合わせて，無限の言語表現を可能にするという分節性を特徴としている．このような，分節性を特徴とする人間のことばに用いる音を，他の音と区別して「言語音」と呼ぶ．

1.1.2 音声と音声器官

a. 音　声

人間のことばに用いられる音は，肺から口・鼻に至る気流の通り道のどこかを閉じたり狭めたりして，気流の流れ方に変化を与えることで得られる．このような，人間が言語音を作り出すという側面に重点を置いた場合の音を「音声」と呼ぶ．そして，音声はどのように作り出されるのか，また，どのように伝達され認識されるのかなど，音声について研究する分野を「音声学」という．その研究対象を細分化すると，発音運動によって音声を作り出す点を中心に研究する「調音音声学」，音声がどのように伝達されるかについて研究する「音響音声学」，音声を認識する側面について研究する「聴覚音声学」などがある．

b. 音声器官

音声を発するときに用いられる身体の諸器官を「音声器官」という（図 1.2）．主な音声器官は次のとおりである．

① 肺： 呼吸運動によって気流を生じさせる．音声にはふつう吐く息（呼気）が用いられる．この肺気流の量が音の大きさと相関し，吐く息の量が多ければ声が大きくなる．

② 喉頭： 肺から出た呼気は気管支・気管を経て喉頭に達する．

③ 声帯： 喉頭にある，一対のひだ状の組織を「声帯」という（図 1.3）．声帯をほぼ閉じた状態で呼気を通すと，声帯が振動し「声」が出る．声帯は母音および有声子音を作り出す音源となる．この声帯の張りは音の高低と関係する．声帯をピンと張ると，振動の回数が増し周波数が高くなって，声も高くなる．声帯を緩めると音は低くなる．また，女性は男性よりも声帯が短く薄いため，子供のそれはさらに短く薄いため，より周波数が高く，声も高い．

④ 声門： 息の通り道となる声帯のすきまを「声門」と呼ぶ．

⑤ 咽頭： 声門を通った呼気は舌根と喉頭壁に囲まれたあたりに達する．ここを「咽頭」もしくは「咽頭腔」という．その先で「口むろ（口腔）」と「鼻むろ（鼻腔）」に分かれ，気流が鼻に抜けずに，口むろで作り出される音を「口音」といい，鼻むろに抜けて作り出される音を「鼻音」という．

⑥ 喉頭蓋： 気管に食べ物が入らないように喉頭に蓋をする「喉頭蓋」がある．

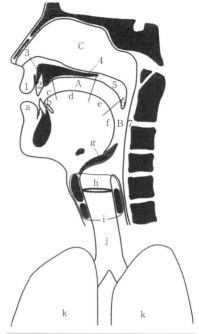

1	上唇	a	下唇	A	口腔
2	上歯	b	舌尖	B	咽頭
3	上歯茎	c	舌端	C	鼻腔
4	硬口蓋	b+c	舌先	A+B+C	声道
5	軟口蓋	d	前舌		
6	口蓋垂	e	後舌		
7	咽頭壁	f	舌根		
		g	喉頭蓋		
		h	声帯		
		i	喉頭		
		j	気管		
		k	肺		

図 1.2 音声器官（斎藤純男（2006）より）

⑦ 口蓋垂： 口を大きく開けると，口から奥の方に垂れ下がった肉片が見える．これを「口蓋垂」という．その口蓋垂のさらに奥の突き当たりに見える部分を「咽頭壁」と呼ぶ．
⑧ 口むろ（口腔）： 口むろには，口蓋・舌・歯・唇がある．その容積は舌や唇の動きとともに下顎の上下運動によって変化する．
⑨ 鼻むろ（鼻腔）： 鼻むろに呼気が流れると，鼻むろに共鳴が起こり鼻音になる．
⑩ 口蓋： 口むろの天井をなし，口もとに近い前方の硬い部分を「硬口蓋」（「こうこうがい」とも），喉に近い後方の軟らかい部分を「軟口蓋」（「なんこうがい」とも）という．軟口蓋の後ろ側の半分を「口蓋帆」ともいい，口蓋帆が上がると口むろに呼気が流れ，下がると鼻むろに呼気が流れる．

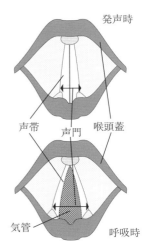

図 1.3 声帯

⑪ 歯： 上歯と下歯からなる．硬口蓋の前，上前歯の裏を「上歯茎」と呼ぶ．また，「歯」「歯裏」は多く前歯のうち上の方をさす．
⑫ 舌： 舌は可動性に富み，口もとに近い部分を「前舌」（「ぜんぜつ」とも），喉もとに近い奥の部分を「後舌」（「こうぜつ」とも．また「奥舌」ともいう）と呼ぶ．また，「後舌」よりもさらに奥の，咽頭に位置する部分を「舌根」と呼び，これに対して，最も前の部分を「舌先」と呼ぶ．さらに，その「舌先」のうち，最も前にある表面部を「舌端」，最も先の部分を「舌尖」と呼ぶことがある．
⑬ 唇： 開閉したり，丸めたりして音色を変える．上唇と下唇からなる．

1.1.3 単　　音
a. 単音

発音上の単位としては，「た」「ト」など，平仮名や片仮名の表す 1 つのまとまりが，まずは脳裏に浮かぶであろう．このような仮名は音節文字とも呼ばれるように，音の単位としては後述する音節に相当する．そして，「タ」をゆっくり発音すると，[t] と [a] という，より小さな単位に分けることもできる．他方，「ト」をゆっくり発音すると，[t] と [o] とに分けられ，先行する音の要素は 2 つと

も同じ [t] であるが，後続する音の要素 [a] [o] はそれぞれ異なる．このような [t] [a] [o] などの一つ一つを「単音」という．単音は音声の最小単位であり，物理的生理的な属性をもつ．

単音を表す場合，普通「国際音声記号」[1] (International Phonetic Alphabet, 略して IPA とも) に基づき，[ ] でくくって表される．「タ」などの，気流（空気の流れ）を妨げることで作り出される最初の部分（ここでは [t]）を「子音」(consonant) といい，その後に続くアのような，気流が妨げられずに発せられる部分（ここでは [a] [o]）を「母音」(vowel) という．

b. 発　声

音声器官を用いて，音を発するためには，まず気流を起こす必要がある．それが声門を通過する際に何らかの状態を帯び，さらに音声器官の接近，接触などによって気流が妨げられた結果，音が発せられる．

言語音を作るために気流を起こす方法には，肺で気流を起こすものと，肺以外の器官で気流を起こすものとがある．前者を肺臓気流機構（または肺気流機構）といい，後者を非肺臓気流機構[2]（または非肺気流機構）という．また，後者には，喉頭を動かして気流を起こす喉頭気流機構と，軟口蓋と舌で気流を起こす軟口蓋気流機構とがある．肺は膨らむと空気が流れ込み，収縮すると空気が流れ出す．ふつう音声は吐く息（呼気）を利用するが，ときに吸う息（吸気）を利用して作り出す音（入破音・吸着音[3]）もある．

声帯には一対のひだ状の組織があり，声帯がほぼ閉じた状態で声門に気流を通すと，声帯が振動する．たとえば，喉仏（のどぼとけ）に指をあてると，子音 s を長く「スー」というように発音する場合には声帯の振動が感じ取れないが，「ズ」と発音する

---

1)　国際音声記号はさまざまな言語の音声を記述するために，同じ基準で表記できるように決められた記号である．「国際音声字母」ともいう．パリにあった音声学教師会（The Phonetic Tercher's Association）が 1888 年にはじめて制定し，1897 年には国際音声学会（International Phonetic Association）と改名され，今日に至るまで改訂が繰り返されている．本書では 2005 年改訂版に基づくが，一口に「国際音声記号」と言っても何年版かによって多少異なる．また，各言語の音声記述にもその目的に応じて，より詳細に記述しようとする精密表記と，煩雑すぎる精密さは省略する簡略表記とがある．

2)　非肺臓気流機構にも呼気による言語音があり，これを「放出音」という．声門が閉じられ，声道だけで気流を起こして，コルク栓をポンと抜くときに発せられるような言語音をいう．国際音声記号は表 1.2 を参照．

3)　「入破音」は，声門を閉鎖し，口腔に溜まっていた空気を呑み込むようにして発する言語音のことをいう．「吸着音」は俗に舌打ち音とも呼ばれ，肺の働きとは無関係に，たとえば日本語で「チェ」と舌打ちする際に発せられるような言語音のことをいう．

場合には，指先に声帯の振動が伝わってくる．このような気流の影響によって空気が振動すると「声(こえ)」になる．その有無によって次のように大きく2つに分類される．

① **無声**：　一対の声帯が離れている場合，気流が抵抗なく声門を通過して，声帯が振動しない状態．
② **有声**：　一対の声帯が接近し声門がかなり狭まった状態である場合，気流の影響で声帯が振動する状態．

たとえば，「タ」と「ダ」は声帯の振動の有無，すなわち無声と有声という対立によって特徴づけられている．

さらに，喉頭から唇までの器官，すなわち声道は声をその内部で共鳴させて音を大きくするとともに，その形状を変えることで，気流が妨げられ，さまざまな音色が作り出される．たとえば，「マ」という音は，最初唇を閉じ，その後勢いよく気流を放出して発せられ，その発音の際には唇，および気流の急激な放出という要素が大きく関与している．このような，ある言語音を作り出すことを「調音」といい，その声道を形成する諸器官を「調音器官」とも呼ぶ．

1.1.4　子　　音

a.　子音の分類

音声器官のうち，調音に用いられる位置（場所）を「調音点」[4]と呼び，最初閉鎖を作り，その後一気に気流を放出するといったような，調音のしかた（方法）を「調音法」と呼んでいる．声の有無に，この調音点と調音法という要素を加えて子音が分類される．これらを，国際音声記号では次の表1.1～1.4のように示している．

b.　調音点による分類

音声器官のうち，どの場所を用いているか，その調音点によって分類すると次のとおりである．

① **両唇音**：　上下の唇で調音される音．
② **唇歯音**：　下唇と上歯とで調音される音．
③ **歯音**：　舌尖または舌端と上歯または歯裏とで調音される音．
④ **歯茎音**：　舌端と歯茎とで調音される音．

---

[4]　調音位置，調音部位ともいう．

表 1.1 子音（肺気流）

	両唇音	唇歯音	歯音	歯茎音	後部歯茎音	そり舌音	硬口蓋音	軟口蓋音	口蓋垂音	咽頭音	声門音
破裂音	p b			t d		ʈ ɖ	c ɟ	k g	q ɢ		ʔ
鼻音	m	ɱ		n		ɳ	ɲ	ŋ	N		
ふるえ音	ʙ			r					ʀ		
はじき音				ɾ		ɽ					
摩擦音	ɸ β	f v	θ ð	s z	ʃ ʒ	ʂ ʐ	ç ʝ	x ɣ	χ ʁ	ħ ʕ	h ɦ
側面摩擦音				ɬ ɮ							
接近音		ʋ		ɹ		ɻ	j	ɰ			
側面接近音				l		ɭ	ʎ	ʟ			

記号が2つ並んでいるものは，右が有声音，左が無声音．網かけは調音が不可能と考えられる部分．

⑤ **後部歯茎音**： 舌端と歯茎後部の裏とで調音される音．
⑥ **そり舌音**： 舌尖と歯茎後部とで調音される音．
⑦ **硬口蓋音**： 前舌面と硬口蓋とで調音される音．
⑧ **軟口蓋音**： 後舌面と軟口蓋とで調音される音．
⑨ **口蓋垂音**： 後舌面と軟口蓋の奥部（口蓋垂のあたり）とで調音される音．
⑩ **咽頭音**： 舌根と咽頭壁とで調音される音．
⑪ **声門音**： 声門で調音される音．

c. 調音法による分類

調音法による分類は以下のとおりである．

① **破裂音**[5]： 声道内で，いったん閉鎖してとめた息を，一気に勢いよく放出して発する音．音節のはじめにあっては，母音に続く場合に破裂するように気流が放出されるが，音節末などでは閉鎖で終わることもある．その場合には「閉鎖音」とも呼ばれる．特に [p̚] のように表す場合がある．

② **鼻音**： 口蓋帆を下げて呼気を鼻むろに流すことで発する音．これに対して，口蓋帆を上げて口むろに呼気を流して発する音を「口音」と呼ぶことがある．

③ **ふるえ音**： 調音器官が瞬間的に同じ動きを繰り返して発する音．

---

[5] 破裂音は，息を溜め，溜めたまましばらく持続させ，最後に一気に勢いよく息を出すという過程によって発声される．その場合，息を溜めること，またはそれによって生じる音を「入りわたり」，息を一気に放出すること，またはそれによって生じる音を「出わたり」という．また，息が外に出ないように一定時間溜めておく間を「持続部」という．

表 1.2 子音（肺気流以外）

吸着音		有声入破音		放出音	
ʘ	両唇	ɓ	両唇	'	例：
ǀ	歯	ɗ	歯（茎）	p'	両唇
ǃ	（後部）歯茎	ʄ	硬口蓋	t'	歯（茎）
ǂ	硬口蓋歯茎	ɠ	軟口蓋	k'	軟口蓋
ǁ	歯茎側面	ʛ	口蓋垂	s'	歯茎摩擦

表 1.3 そのほかの記号

ʍ	無声両唇軟口蓋摩擦音	ɕ ʑ	歯茎硬口蓋摩擦音
w	有声両唇軟口蓋接近音	ɺ	歯茎側面はじき音
ɥ	有声両唇硬口蓋接近音	ɧ	ʃとxの同時調音
ʜ	無声喉頭蓋摩擦音	二重調音と破擦音は，必要があれば2つの記号を次のように結合させて表すことができる	
ʕ	有声喉頭蓋摩擦音		
ʔ	喉頭蓋破裂音	k͡p t͡s	

④ 弾き音：　呼気によって弾くようにして発する音．
⑤ 摩擦音：　声道内に狭めをつくり，そこを通る気流との間に摩擦を生じさせて発する音．
⑥ 側面摩擦音：　摩擦音のうち，舌が上あごに接しているため，気流が口のまん中ではなく，脇（側面）の部分から出る音．
⑦ 接近音：　摩擦を生じさせるほどではないが，気流が狭い隙間を通ることで発する音．
⑧ 側面接近音：　摩擦を生じさせるほどではないが，気流が口の真ん中ではなく，脇（側面）の狭い隙間を通ることで発する音

その他の記号について，日本語とかかわる主なものを次に説明しておく．

- 二重調音　同時に2か所で気流を妨げて調音される，そのどちらも同等で，どちらが主たる調音であるかを判定できない場合を二重調音という（たとえば，［kp］［db］などの類）．これに対して，気流を妨げる度合いが異なる場合，その度合いの低い方を二次的調音（副次的調音）と呼ぶ（円唇化，硬口蓋化などの類．後述「補助記号」参照）．
- 歯茎硬口蓋音：　前舌面と歯茎・硬口蓋間のあたりで調音される音．
- 破擦音：　音声器官を一時閉鎖した後，徐々に放出して，摩擦を生じさせた音．破裂音と摩擦音の組み合わさった音．たとえば，英語 cats（〈猫〉の複数形）の語末［ts］は破裂音［t］と摩擦音［s］の組み合わせからなる発音である．ただし，2つの音が並んでいるのではなく，1つの音として捉える

もので，国際音声記号では連結線（［⌒］もしくは［‿］）を付けて表すこともある．
　子音の音声学的呼称は，声の有無，調音点，調音法の順に並べて呼ぶ．たとえば，［m］は「有声両唇鼻音」，［f］は「無声唇歯摩擦音」というようにいう．

1.1.5　母　　音
　母音は，舌の位置，口の開き，唇の丸めという 3 つの要素によって分類される．
a.　舌の位置による分類（図 1.4，図 1.5）
　① 前舌母音：　舌の前の部分が硬口蓋に向かって高く盛り上がる母音．「前母音」ともいう．［i］［e］［ɛ］［a］など．
　② 中舌母音：　イのように前の方ではなくウのように奥の方でもない，舌の中央部が高く盛り上がる母音．［ɨ］［ə］など．
　③ 後舌母音：　舌の後ろ（奥）の部分が軟口蓋に向かって高く盛り上がる母音．「奥舌母音」「奥母音」などともいう．［ɑ］［ɔ］［o］［u］など．
b.　口の開きによる分類（図 1.4）
　① 狭母音：　口の開きの狭い，口蓋と舌の間の空間が少ししかない母音．ふつう「せまぼいん」と呼ぶ．［i］［u］など．
　② 半狭母音：　口の開きがやや狭い母音．ふつう「はんせまぼいん」と呼ぶ．［e］［o］など．
　③ 半広母音：　口の開きがやや広い母音．ふつう「はんひろぼいん」と呼ぶ．［ɛ］［ɔ］など．
　④ 広母音：　口の開きの広い，口蓋と舌の間の空間が大きい母音．ふつう「ひろぼいん」と呼ぶ．［a］［ɑ］など．
c.　唇の丸めによる分類
　① 円唇母音：　唇を突き出し，丸い形にして発する母音．
　② 非円唇母音[6]：　唇を丸くせず発する母音．
　母音の音声学的名称は，唇の丸め，舌の位置，口の開きの順に並べて呼ぶ．たとえば，［i］は「非円唇前舌狭母音」，［o］は「円唇後舌半狭母音」というようにいう．

---

[6] 非円唇母音を古くは平唇母音ともいった．しかし，唇が平たくなるように左右に引いて発音するという積極性に乏しい場合もあり，ふつう非円唇と呼ばれる．

記号が二つ並んでいるものは，右が円唇，左が非円唇．

図 1.4 母音

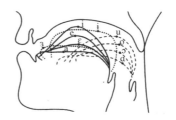

図 1.5 母音舌位図
—— 前舌母音，…… 中舌母音，---- 後舌母音．

1.1.6 補助記号

国際音声記号所載の補助記号について，主に日本語にかかわりの深い事項を説明しておく．

① **無声**： 声帯の振動を伴わないようになった状態．[̥] は，[g] などの下に長い記号の場合には [̊] のように上に付けてもよい．

② **帯気音化**： 破裂音の後に，肺からの空気が一気にたくさん出て発音されること．それによる子音を「有気音」という．中国語や朝鮮語では無気と有気を区別するが，日本語では沖縄方言の一部を除いて，区別はない．

③ **唇音化**： 子音を調音する際，同時に唇の丸めが伴うこと．

④ **硬口蓋化**： 子音を調音する際，同時に前舌面が硬口蓋に向けて持ち上が

表 1.4 補助記号

下にのびた記号にはその上に付けてもよい．例：ŋ̊

̥	無声の	n̥ d̥	̤	息もれ声の	b̤ a̤	̪	歯音の	t̪ d̪
̬	有声の	s̬ t̬	̰	きしみ声の	b̰ a̰	̺	舌尖で調音する	t̺ d̺
ʰ	帯気音化した	tʰ dʰ	̼	舌唇の	t̼ d̼	̻	舌端で調音する	t̻ d̻
̹	より丸めの強い	ɔ̹	ʷ	唇音化した	tʷ dʷ	̃	鼻音化した	ẽ
̜	より丸めの強い	ɔ̜	ʲ	硬口蓋化した	tʲ dʲ	ⁿ	鼻腔開放の	dⁿ
̟	前寄りの	u̟	ˠ	軟口蓋化した	tˠ dˠ	ˡ	側面開放の	dˡ
̠	後ろ寄りの	e̠	ˤ	咽頭化した	tˤ dˤ	̚	開放のない	d̚
̈	中舌寄りの	ë	̴	軟口蓋化あるいは咽頭化した	ɫ			
̽	中央寄りの	ě	̝	狭い	e̝		(ɹ̝ = 有声歯茎摩擦音)	
̩	音節主音の	n̩	̞	広い	e̞		(β̞ = 有声歯茎摩近音)	
̯	音前副音の	e̯	̘	舌根が前に出された	e̘			
˞	r 音色の	ɚ ɑ˞	̙	舌根が後ろに引かれた	e̙			

ること．単に「口蓋化」と称することもある．
⑤ **鼻音化**： 母音を調音する際，口蓋帆が下がると同時に気流が鼻腔にも抜けて，鼻腔が共鳴して発せられること．

1.2 音素と音韻

1.2.1 音　　素
a. 音　素

　異なる言語でも同じ音声が用いられる．英語 leg [leg]〈脚〉の [e] はフランス語 les [le]〈定冠詞複数〉の [e] と同じであり，また，[l] の音声も両者ともに等しい．このように人間の言語では同じように調音された場合，同じ音声となるからこそ，ある言語の話者が別の言語を話せることになる．また，英語 head [hεd]〈頭〉の [ε]（半広母音）は，それより口の開きの少し小さい [e]（半狭母音）とは，それぞれ別の発音であると捉えられているのに対して，日本語では [e] と [ε] は意味の対立を作り出すことはない．英語においてその発音上の対立が語の違いを生み出す場合があっても，別の言語，たとえば日本語では [he] と [hε] という音声の差異は語の違いとはならないということもある．

　他方，[kata] と [sata] はそれぞれ〈肩・型〉と〈沙汰〉の意であるが，これは [k]：[s] の対立によって意味が区別されている．1つの言語において，このような対立という概念によって意味を区別する働きをもつ最小の音の単位を「音素」（phoneme）という．音素を表す場合は，/k/，/s/ のように / / でくくって表す．

b. 音素の設定

　音素は，前述のカタとサタのように，同じ音の環境において，ある位置に立つ単音を別の単音に入れ替えた場合に，意味の対立をなす場合に設定されやすい．語における意味の違いがその1つの最小単位だけで作り出されていることが明瞭となるからである．音の連鎖の中で，1か所だけ単音が互いに相違することで意味の対立が見られるものを「最小対」（minimal pair）と呼ぶ．ただし，音素の設定に際して必ずしも最小対が存在しているわけではない．

　また，サ行音では，母音イの前で [ʃ][7] であり，それ以外の母音ア・ウ・エ・オの前では [s] であるというように，[ʃ] と [s] は相補的に分布している．し

---

[7]「シ」については，[ʃ]（後部歯茎音（かつては硬口蓋歯茎音とも））よりも奥寄りの [ɕ]（歯茎硬口蓋音（前部硬口蓋音とも））となる（城生 (2012) 他）．ただし，本書では [ʃ] で統一する．同様に「チ」も [tɕ] ではなく [tʃ]，「ジ」「ヂ」についても [ʑ]・[dʑ] ではなく [ʒ]・[dʒ] とする．

かも，それらは歯茎摩擦音という，共通する音声的特徴も見られる．このような相補的分布，類似する音声的特徴は同一の音素と認定される基準となることがある．さらに，[ʃ]はシャ・シュ・ショという拗音に現れるが，その拗音という音韻的側面を体系的に捉えることで，逆にシはサ・ス・セ・ソと同じ子音音素であると見る方が均斉のとれた音素体系としてわかりやすい面がある．できるだけ音素の数を経済的に設定するなど，音素の設定については合理性も不可欠である．

1.2.2　音　　韻
a. 音　韻

「音韻」は，狭義では「音素」と同じ意味でも用いられるが，一般には，語の意味を区別する言語音の諸要素をいい，音素と「かぶせ音素」[8]（suprasegmental phoneme）とに区別される．こうした分野の研究を「音韻論」という．

音韻はこれまでさまざまに定義づけられてきた．かつて，ポーランドのクルトネ（Jan Niecislaw Ignacy Baudouin de Courtenay）は，同族語および同一語の両方で語源的に関係をもつ形態の音の交替に伏在する言語の単位を音素（phoneme）と呼び，さらに音素を心理的単位と定義し，「音声の世界に属する同一概念であって，同じ音が異なって発せられることによって生ずる印象が，心理的に融合されて心の中に生成されるもの」と説いた．有坂秀世は，音韻とは音韻観念として発音意図に基づく目的観念の実現であると説いたが，ややメンタリスティックであるという批判もある．その後，プラーグ学派のトルベッコイ（Nikolai Sergeievich Trubetzkoi）が，弁別的特徴 distinctive features によって音素を設定し，二項的対立の観点から音声的観察や音韻的構造を記述したのを受け継いで，ジョーンズ（Daniel Jones），パイク（Kenneth Lee Pike）らの学説による，「相補的分布をなし音声的に類似している単音は同一の音素に属する」という外形的機械的な定義が支持されている．

b. 異　音

前述のように，日本語では [he] と [hɛ] の違いは意味の対立をなさない．すなわち，この [e] と [ɛ] は /e/ という同一の音素にあたる．同じように，[lei] と発音しようが，[rei] と発音しようが，いずれもレイ（〈例・礼〉など）である．弾き音 [ɾ] によって [ɾei] と発音しても，それらの子音の違いによって意味の

---

8) アクセントやイントネーションなど，音素の連鎖に付随して弁別的機能を果たす単位をいう．超分節音素と訳されることもある．

異なる語となるわけではない．これらの［l］［r］［ɾ］はいずれも /r/ という音素に対応するものである．こうした，同一の音素を実現する，それぞれの単音を「異音」(allophone) という．

異音には，ある一定の条件の下で特定の単音が現れる場合がある．たとえば，後述するように，日本語の撥音（平仮名の「ん」，片仮名の「ン」で表される音）は，「シンバシ（新橋）」のように，直後に唇が関与する子音がくる場合，上下の唇が閉じて［m］の撥音となるなど，以下のような環境でそれぞれ異なる単音として発音される（詳細は 28 ページ）．

/N/
　［m］（マ・バ・パ行などの直前）　 ｝
　［n］（タ・ダ・ザ行などの直前）　　直後に子音がある場合
　［ŋ］（カ・ガ行の直前）
　［N］　　　　　　　　　　　　　　直後に子音がない場合

これらの異音はそれぞれ現れる環境が異なっており，しかもその分布は重複していない．このような相補的に分布している異音を「条件異音」と呼ぶ．これに対して，相補的に分布するのではなく，不規則に現れる異音を「自由異音」という．前述した，/e/ に対する［e］や［ɛ］，/r/ に対する［l］［r］［ɾ］はいずれも自由異音である．

1.3　音　　　節

a.　音声的音節

音連続中のあらゆる音結合の基礎となる根本的構造を「音節」(syllable) という．イェスペルセン（Jens Otto Harry Jespersen）は，「聞こえ」(sonority) の観点からその相対的に明らかな頂点を音節（音声的音節）と規定した．

「聞こえ」とは音が伝わる度合いをいい，遠くまで伝わる音ほど聞こえが大き

図 1.6　聞こえの度合い（斎藤純男 (2006) より）

いと規定する．たとえば，遠くにいる人に呼びかける場合，「オーイ」というように口を広げて発する「オ」を最初に用いて注意を引こうとはするが，「ウ」や「イ」のように口の開きが狭い音を最初に用いることはない．また，[s]を繰り返す「スー」のような音を用いることもない．このような，聞こえの大きいものを中心に，1つの音のまとまりが相対的に構成されていると考えるのである（図1.6）．聞こえの大きさは，ほぼ声道の開き，口の開きに対応するもので，以下のような序列が想定されている．

　　　広母音＞狭母音＞ふるえ音・弾き音＞側面接近音・鼻音＞有声摩擦音
　　　　　＞有声破裂音＞無声子音

　これに対して，調音器官の筋肉の張り弛みを加味した生理的な側面から定義づけようとする考え方もある．ソシュール（Ferdinand de Saussure）の「外破音」「内破音」の区別，グラモン（Maurice Grammont）の「漸強音」「漸弱音」の区別を第二の要因として音節の切れ目を説明しようとする．たとえば，stay [steɪ]のように示される．服部四郎は，これに加えて「漸強漸弱音」「漸弱漸強音」があるとして，「棄てる」は東京方言でスが無声化し [su̥teɾɯ] となるが，これは英語の[s]と違い，「漸強漸弱音」として [steɾɯ] のように1音節を構成すると考え，runner [rʌnə] の [n] は「漸弱漸強音」となってその子音の中に音節の切れ目があると説いている．

b. **音韻的音節**

　音声的音節に対して，音素のまとまりとして分節性を有する最小単位を「音韻的音節」ということがある．分節性とは入れ替えが可能であるということで特徴づけられているが，たとえば，「カンサ」〈鑑査・監査〉という音連続は，「カン」と「サ」に分けられ，入れ替えられて「サカン」〈盛ん・左官〉とはなる．しかし，その「カン」〈缶〉が「カ」と「ン」に分けられ，入れ替えられて「ンカ」という結合となった場合，それは日本語として意味をもつ語にはならず，そもそも「ンカ」という音は弁別的な音韻とは認められない．すなわち，「ン」はまとまりをもつ，1つの音節を構成することはできず，必ず他の自立的な要素に添えられてのみ存在する．

　同じく撥音や引き音（母音が1拍分のびる部分）についても，それらを加えた「カ

ン」や「レー」などが1つの単位（音節）を構成し，そのまとまりが入れ換え可能な最小単位となる．そのような分節性を有する最小の単位が「音韻的音節」である．

　音節のうち，母音で終わるものを「開音節」，子音で終わるものを「閉音節」と呼ぶ．日本語は古く撥音・促音がなく，拗音もなかった．したがって，開音節の言語という特徴をもっていると言える．

c. 拍（モーラ）・シラビーム

　音節という概念とは別に，東京方言などでは「レート」は「レ・ー・ト」というように，音の長さという観点では3つの単位であると数えることができる．このような等時間的なリズムの単位を拍という．拍は「モーラ」[9]（mora）と呼ぶこともある．引き音が1拍（モーラ）であるように，[tonda]（飛んだ），[sakka]（作家）における撥音や促音もそれぞれ1拍（モーラ）と数えられる．

　また，柴田武は音節（syllable）に音韻的分析を施してリズムの単位としてシラビーム（syllabeme）を設定する．たとえば，東北の諸方言では「新聞社」は[sïm-bũ-ʃa]という3単位，「マッチ」は[mat-tʃi]という2単位からなると数えられる．つまり，「シン」「マッ」「チュー」などが音の長さとして1単位，すなわち1シラビームというように捉えられているのである．このように，シラビームの方言では，撥音・促音・引き音（長音，長母音）や二重母音の後続母音が寸づまりに聞こえるという特徴が認められる．

1.4　音　　　調

　音調とは狭義では音の高低関係のあり方をさすが，ここでは音の調子として音の強さ，大きさ，速さなどについても広く取り扱うことにする．語についてはアクセントがあるほか，話し手の感情や生理的な要求などによって，音の抑揚がつけられたり，音の流れに休止が置かれたり，また，ある部分だけが強く，または，大きな声で発音されたりすることもある．それらに特定の意味が認められたり，話し手の意図や感情の表れであったりする場合もある．

9）　モーラは，古典詩における韻律の単位をさすラテン語「モラ」（mora）に由来する用語．1つの短音節の長さに相当する時間の単位をさし，その2倍が1つの長音節に当たる．

表1.5 超分節音

ˈ	第一ストレス	
ˌ	第二ストレス	ˌfoʊnəˈtɪʃən
ː	長い	
ˑ	半長の	
˘	特に短い	
|	小（フット）グループ	
‖	大（イントネーション）グループ	
.	音節境界	ɹi.ækt
‿	切れ目のない	

表1.6 トーンと語アクセント

平ら		曲線	
ȅ または ˥	超高平ら	ě または ˄	上がり
é ˦	高平ら	ê	˅ 下がり
ē ˧	中平ら	e᷄	ˀ 高上がり
è ˨	低平ら	e᷅	ˀ 低上がり
ȅ ˩	超低平ら	ẽ	ˀ 上がり下がり
↓	ダウンステップ	↗	全体的上昇
↑	アップステップ	↘	全体的下降

1.4.1 アクセント
a. アクセントの種類

アクセントにはストレスアクセント（stress accent 強さアクセント, 強勢アクセントとも）とピッチアクセント[10]（pitch accent 高さアクセント, 高低アクセント）とがある．たとえば, 英語では次のように, 単語の中でどこが強いか, その強勢（stress）の置き方によって語の品詞が異なることがある．

  present   名詞［préznt］ 動詞［prizént］
  contest   名詞［kántest］ 動詞［kəntést］

つまり, ストレスアクセントが語の文法的機能と相関しているのである．

これに対して, 音の高さ（pitch）が意味の弁別に機能する場合がある．たとえば, 中国語では, 声調と呼ばれる一定の高低関係が弁別的特徴を有し, 共通語（普通話）では4つの声調がある．その第1声から第4声までの高低関係それぞれで［ma］を発音した場合, 声調に応じて異なる意味となるのである（図1.7参照）．

このような, 高低関係に一定の型が何種類かあり, それが弁別的特徴となるものを声調[11]（tone）と呼び, 単語の中でどこが高いかに基づいた狭義のピッチアクセントとは区別することがある．

b. 狭義のピッチアクセント

これらに対して, 日本語では, 一部の方言を除き, 1つの語に特定の高低関係

---

[10] 狭義のピッチアクセントは, 日本語のほか, アイヌ語・リトアニア語・ラトビア語・スロベニア語・セルビア語・クロアチア語や, 古代ギリシア語・ラテン語・サンスクリット（ヴェーダ語）・朝鮮語（中世）などに見られる．

[11] 声調は中国語のほか, ベトナム語・ビルマ語・タイ語・チベット語（以上は曲線声調または曲線トーン）, アフリカのイボ語・エウェ語・ハウサ語・ヨルバ語（以上は段位声調または音域声調）, スウェーデン語・ノルウエー語（以上は単語声調）などに見られる．

1.4 音調　　　　17

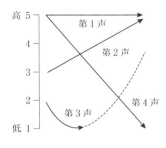

声調	声調符号	音調記号	ピンイン	漢字	意味
第1声	-	[ma˥]	mā	妈	お母さん
第2声	´	[ma˧˥]	má	麻	麻
第3声	ˇ	[ma˨˩˦]	mǎ	马	馬
第4声	`	[ma˥˩]	mà	骂	ののしる

図1.7　中国語の声調

が関与する．たとえば，共通語では次のように同音語をアクセントによって区別している．

　　ハ|シ|ヲ〈端を〉　　ハ|シ|ヲ〈橋を〉　　ハ|シ|ヲ〈箸を〉

「端を持つ」の「端を」の部分は初めが低く，次のシが高く，そのまま助詞のヲも高く発音される．一方，「橋を渡る」の「橋を」の部分は，初めが低く，次のシが高く，そして最後のヲは低く発音される．「はし（箸）」は初めのハが高く，次のシは低くなる．これらの高低関係は個人が勝手に変えることはできない．このように，個々の語においては，どの部分を高くし，どの部分を低く発音するかという音の高低関係が社会習慣的に決まっていて，意味の区別に機能している．このように，アクセント（声調を含む）は音素と同じく意味を弁別する機能を有するものであり，これを「かぶせ音素 suprasegmental phoneme」と呼んでいる．

　日本語（共通語）では，高い音から低い音に下がる部分，すなわち「アクセントの滝」[12]が弁別的特徴となっている．「箸を」ではハの後に，「橋を」ではシの後に下がり目があるのに対して，「端を」の「端を」の部分は，初めが低く，次のシ，そして最後のヲも高いままで，下がり目が見られない．このように，アクセントの滝（以下の例では「⌐」で示す）を基準にして見ると，初めのハの直後，そして，次のシの直後に「アクセントの滝」があるもの，さらには，それがないものというようにそれぞれ分類される．

　　ハ⌐シ〈箸〉　　ハシ⌐〈橋〉　　ハシ〈端〉

つまり，アクセントの滝があるかないか，それがあるならばどの位置にあるかによって，語の意味が区別されているのである．

　音の高低は主に周波数の高さによって決定される．前述したように，声帯を張

---

[12] 日本語アクセントの弁別的特徴には，「アクセント核」と呼ばれる別の考え方もよく用いられる（44ページ参照）．

ると振動が早くなり，音が高くなる．一方，声帯を緩めると低くなる．一続きの発音の過程で，声帯を緩めてから張るようにすると音が上がり，逆に，声帯を張ってから緩めると，音が下がる．声の高さは絶対的なものではなく，女性は男性より高く，また，子供は大人より高いという傾向があり，また，個人によっても違いがある．ここで言う音の高低は相対的なものであり，上がり下がりも同様に絶対値によるものではなく，音の相対的な高低の変化による．

1.4.2　アクセント以外の音調
a.　イントネーション

　音声言語における声の高低の変化をイントネーション（intonation）という．話し手の感情や気持ちによって，息つぎの段落ごとに声の抑揚が現れる．文末を上昇させて「そうですか？」と言った場合には疑問の意味を表したり，「そうですね……」のように平板な調子で言いよどんでいる場合には，困ったり迷ったりするようすを示したりすることがある．このように，声の抑揚は，文の意味や，話し手の感情や気持ちなどと密接にかかわるものである．

　「すごくない↗」「おいしくない↗」のように文末を上げるイントネーションを若い人の間で聴くことがある．これは疑問を相手に投げかけるのではなく，自分の考え方・感じ方について，相手に理解を求めたり同意を求めたりする気持ちの現れと見られる．同じ考え方・感じ方を共有して仲間意識を確認したいからであろうが，これは文節末を上げるイントネーションの場合も同様で，相手に対して伝達内容を確認する気持ちから発せられると考えられる．

b.　プロミネンスとインテンシティー

　言語表現の，ある一部を特に目立つようにすることを強調（emphasis）という．音声におけるその代表的なものがプロミネンス（prominence）とインテンシティー（intensity）である．話し手が文において，ある文節または語を，最も重要な点として普通以上に強く高く（または弱く低く）発音する方法をプロミネンスという．他の部分と対比的に強調するもので，これを「対比強調」「卓立の強調」などとも呼ぶ．次のように，プロミネンスを文のどこに置くかで，文全体の意味が異なる（太字で強く高く発音する箇所を示す）．

　　　私は昨日京都へ行きました．〔他の誰でもなく，「私」を強調する〕
　　　私は**昨日**京都へ行きました．〔一昨日や一月前ではなく，「昨日」を強調する〕
　　　私は昨日**京都**へ行きました．〔他のどこでもなく，「京都」を強調する〕

1.4 音　　調

　　　私は昨日京都へ**行きました**．〔他の行動をとったのではなく「行った」こと
　　　　　　　　　　　　　　　　　を強調する〕
範列的関係にある語の中から，特にそれとはっきりと強調するのである．

　インテンシティーは，ある語の意味を強めるために用いるものである．「強度強調」「誇張の強調」などとも呼ぶ．たとえば，「アマーイ」というように音をのばしたり，「スッゴイ」のように促音を添えたりして，「甘い」「すごい」の強調した言い方となる．

c.　ポーズ

　文と文の間，または文の内部において，音の流れに置かれる切れ目（休止）を「ポーズ」(pause) または「間」という．音声の途切れる，沈黙の一瞬である．文を速く発音すれば息継ぎが少なくてすみ，ゆっくり発音すると息継ぎ，すなわちポーズも多くなる．また，文において緊密な関係にある語群はふつう一気に発音されるのに対して，必要に応じてポーズを置くことで，部分的に強調したり注意を引いたりすることがある．次のように，音声の切れ目が語句のかかり方に影響を与え，文の意味を変化させることもある．

　　a）邦彦が　（間）　山に行ったと聞いた．
　　b）邦彦が山に行った　（間）　と聞いた．
a は「聞いた」の主語は邦彦，b は「聞いた」の主語は邦彦以外の人になる．
　　c）たくさんの　（間）　花を付けた桜．
　　d）たくさんの花を付けた　（間）　桜．
c は「たくさんの桜」，d は「たくさんの花」の意味となる．

　ただ，必要以上にポーズが長すぎると「間が抜ける」こととなり，逆に短すぎると，ねらった効果が得られないことにもなる．

　　　　そんなこと今さら頼まれても……（間）．でも，やります．

　ポーズ（間）は，聞き手に対して期待・緊張・不安などを抱かせ，感情や気持ちの揺れが生き生きと表現されることもある．

第 2 章　日本語の音声・音韻

2.1　日本語の音声・音韻

2.1.1　日本語の母音
a.　日本語の母音の分類

　母音とは，調音器官において，気流の妨げのない有声音（1.1.3 項）であるが，「ア・イ・ウ・エ・オ」はそれぞれに異なる発音であり，単音（1.1.3 項）である．次の 3 つの基準によって区別される（1.1.5 項）．

① 口の開き方（開口度）と舌の高さ：　「狭母音」「半狭母音」「半広母音」「広母音」に分けられるが，「高母音」（「イ・ウ」）「中母音」[1]（「エ・オ」）「低母音」（「ア」）と三段階で示すこともできる．「イ」→「エ」→「ア」と発話することで，次第に口が開き，それにともなって次第に舌の位置も低くなる．

② 舌の前後の位置：　「イ」と「ウ」を発話すると前後の動きを確認できる．

③ 唇の丸め：　唇を丸めたり，左右に引き寄せたりする．それにより「円唇」と「非円唇」に分けられる．「ウ」は唇を丸め[2]，「イ」は横に引く．

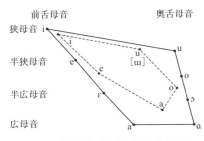
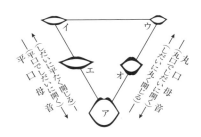

図 2.1　基本母音（亀井ほか編（1989））　　図 2.2　母音三角形（日本音声学会編（1976））

1) 「中母音」は「半狭母音」「半広母音」にまたがる．
2) 東京周辺の唇を丸めない「ウ」を [ɯ]（非円唇母音）と示し，[u]（円唇母音）と区別することもある．また，ス・ツ・ズの音節では，前節する子音の影響から単独の「ウ」よりも「イ」寄りの中舌母音の [ü] となる．

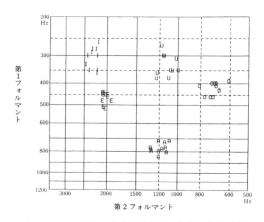

図 2.3 A-b-S 法による共通語 5 母音の分析結果（金田一ほか編（1988））
共通語単独 5 母音のフォルマント周波数値及び F_1-F_2 図（NHK 男性アナウンサー 10 名による）．

　ア［a］・イ［i］・ウ［ɯ］・エ［e］・オ［o］を舌の高さと舌の前後の位置で示したものが図 2.1 であり，唇のかたちを加え簡略化したものが図 2.2 である．
　母音の違いを言語音として理解できるのは，①から③による調音の違いによって周波数が異なっているためである．中でもいくつかのピークの周波数をフォルマント周波数（略してフォルマントとも）といい，母音（鼻音や接近音も）を区別することができる．フォルマントは，周波数の低いものから，順に第 1 フォルマント，第 2 フォルマント，第 3 フォルマント，第 4 フォルマントと続く．特に第 1 フォルマントから「舌の高さ」，第 2 フォルマントから「舌の前後」が確認できる（図 2.3）．そのために図 2.1 に対応したものとなる．周波数域の個人の差（性別，年齢など）はあるものの，それぞれの母音ごとに領域がかたちづくられている．

b. 母音の配列

　図 2.1 や図 2.2 を「アイウエオ」の順でつないでいくと，最も口を開いた状態の「ア」から，舌の位置が前寄りで口を閉じ気味にした「イ」へ移行し，同じ狭母音ながら舌の位置が後ろ寄りの「ウ」に移る．そして，前舌母音の「エ」から，奥舌母音の「オ」へと展開する．そのために，「イエアオウ」などと連続した順に発話するととても滑らかに聞こえるのに対して，「アイウエオ」は一音一音のコントラストがはっきりするのである．

2.1.2　日本語の子音
a.　日本語の子音の分類

子音とは，原則的に日本語においては母音の前に位置している単音である．母音と違い調音器官によって気流を妨げることで音を生み出している（調音）．この気流の妨げる場所（調音点）と方法（調音法），さらに声帯の振動の有無の3つの基準の組み合わせによって子音を区別することができる（1.1.4項）．

日本語についての上記の3つの基準をまとめたものが表2.1（たとえば，ラ行は [l] [r] [ɾ] といった発音のゆれがあるが [ɾ] に代表させる）である．横軸は調音点を示し，左から右に向かうことで次第に口の奥に進んでいく．また，縦軸は調音法によって分類され，その中を有声音と無声音に分ける．

(1)　調音点　　調音器官のどの位置で発音しているのか（場所）を示す．たとえば「パ」と「タ」をそれぞれ発音してみる．「パ」は両唇を必ず使用している．それに対して，「タ」は歯と歯茎のあたりに舌先が接触していることが確認できる．よって，「パ」は「両唇」，「タ」は「歯茎」を調音点としている．

(2)　調音法（図2.4）　　調音器官でどのように発音しているのか（方法）を示す．たとえば「タ」と「サ」と「ツ」をそれぞれ発音してみる．それぞれの舌の位置はそれほど変わりはない（調音点はともに「歯茎」）．しかし，発音された子音に異なりがあるのは，それぞれ調音法が異なるためである．

　　　破裂音：　「タ」を発音してみると舌先が歯・歯茎に一度接触し空気を閉鎖した後に，空気を勢いよく放出している．

表 2.1　日本語の子音一覧（[ ] は略）

			両唇音	歯茎音	後部歯茎音	硬口蓋音	軟口蓋音	口蓋垂音	声門音
口音	破裂音	無声	p	t			k		ʔ
		有声	b	d			g		
	摩擦音	無声	ɸ	s	ʃ	ç			h
		有声		z	ʒ				ɦ
	破擦音	無声		ts	tʃ				
		有声		dz	dʒ				
	弾き音	有声		ɾ					
	接近音	有声	(ワ)(w)			ヤ行 j	ワ w または ɰ		
鼻音		有声	m	n		ɲ	ŋ	N	

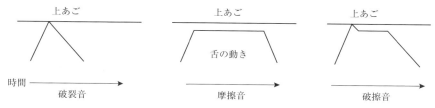

図 2.4 破裂音・摩擦音・破擦音（山田 (2007)）

摩擦音： 「サ」は舌先が接触することなく，舌と歯・歯茎の間の狭いすき間から空気を出している．

破擦音： 「ツ」については，「破裂」に続けて「摩擦」をともなう．「破擦音」は「破裂音」と「摩擦音」の双方の性格をもっている．

弾き音： 弾音ともいい，日本語ではラ行に用いる [ɾ] がこれにあたる．調音点が同じ（かつ有声音）である [d] との混同[3] が見られる場合もあるが，調音法が弾き音であるのか破裂音であるのかといった異なりがある．弾き音は破裂音に比べ瞬間的な閉鎖である．

接近音： ヤ行と「ワ」に見られる摩擦を生じさせる狭めが弱い発音である．

鼻　音： 鼻から息を出すが，それぞれ調音位置の異なりで，[m], [n], [ɲ], [ŋ], [ɴ] などに分けることができる（2.1.3 項 a）

(3) **有声音・無声音**　　声帯の振動をともなうかどうかによって，振動した音を有声音，振動しなかった音を無声音とする．振動は閉じている声門を気流が通過することにより生じる．[k] と [g], [s] と [z], [t] と [d] など，濁音と清音が有声音と無声音の対応関係になっている場合もある．ただしハ行は [p] と [b] である（2.1.5 項 b）．

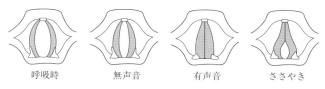

図 2.5　声門（福盛 (2010)）
アミ掛け部分が声帯を表す．

---

3) ラ行音とダ行音の使い分けの難しさについては，19 世紀の来日宣教師の書簡にも見られる．また，方言でも混同のある地域がある．

[半母音] 　半母音は接近音という子音に分類され，ヤ行 [j] とワ行 [w][4] を指す．母音（[i] と [ɯ]）に近似し，その役割を子音としてはたすものである．たとえば，「イ」[i] と「ア」[a] を1つの音として連続して発話する（1拍分）ことで「ヤ」となる．

　行ごとに，声帯の振動の有無・調音点・調音法の順に整理すると次のようになる（表2.2，2.3）．

表2.2　行ごとの子音一覧
同一行内で異なる際には下線によって示し，有声音・無声音，調音点，調音法の間に「・」を付した．

行	音素	仮名	説明
カ行	[k]	カ・キ・ク・ケ・コ	→無声・軟口蓋・破裂音（ただし，キは精密表記では [kʲ]）
サ行	[s]	サ・ス・セ・ソ	→無声・歯茎・摩擦音
	[ʃ]	シ	→無声・後部歯茎・摩擦音
タ行	[t]	タ・テ・ト	→無声・歯茎・破裂音
	[tʃ]	チ	→無声・後部歯茎・破擦音
	[ts]	ツ	→無声・歯茎・破擦音
ナ行	[n]	ナ・ヌ・ネ・ノ	→有声・歯茎・鼻音
	[ɲ]	ニ	→有声・硬口蓋・鼻音
ハ行	[h]	ハ・ヘ・ホ	→無声・声門・摩擦音
	[ç]	ヒ	→無声・硬口蓋・摩擦音
	[ɸ]	フ	→無声・両唇・摩擦音
マ行	[m]	マ・ミ・ム・メ・モ	→有声・両唇・鼻音（ただし，ミは精密表記では [mʲ]）
ヤ行	[j]	ヤ・ユ・ヨ	→有声・硬口蓋・接近音
ラ行	[r]	ラ・リ・ル・レ・ロ	→有声・歯茎・弾き音（ただし，リは精密表記では [rʲ]）
ワ行	[w]	ワ	→有声・両唇・軟口蓋・接近音
ガ行	[g]	ガ・ギ・グ・ゲ・ゴ	→有声・軟口蓋・破裂音（ただし，ギは精密表記では [gʲ]）
ガ行	[ŋ]	ガ・ギ・グ・ゲ・ゴ	→有声・軟口蓋・鼻音（ただし，キ°は精密表記では [ŋʲ]）
ザ行	[dz]（語頭および撥音・促音の後）ザ・ズ・ゼ・ゾ		→有声・歯茎・破擦音
	[z]（それ以外）ザ・ズ・ゼ・ゾ		→有声・歯茎・摩擦音
	[dʒ]（語頭および撥音・促音の後）ジ		→有声・後部歯茎・破擦音
	[ʒ]（それ以外）ジ		→有声・後部歯茎・摩擦音
ダ行	[d]	ダ・デ・ド	→有声・歯茎・破裂音
		ヂ	→（「ジ」に同じ）
		ヅ	→（「ズ」に同じ）
バ行	[b]	バ・ビ・ブ・ベ・ボ	→有声・両唇・破裂音（ただし，ビは精密表記では [bʲ]）
パ行	[p]	パ・ピ・プ・ペ・ポ	→無声・両唇・破裂音（ただし，ピは精密表記では [pʲ]）

4）IPAに適当な記号がないために [w] を用いている．[ɯ] が用いられることもある．

キャ行	[kʲ] 硬口蓋化[5]（「キ」参照）	
ギャ行	[gʲ] 硬口蓋化（「ギ」参照）	
ギャ行	[ŋʲ] 硬口蓋化（「ギ」参照）	
シャ行	[ʃ] シャ・シュ・ショ	→無声・後部歯茎・摩擦音（「シ」参照）
ジャ行	[dʒ]（語頭および撥音・促音の後）ジャ・ジュ・ジョ	→有声・後部歯茎・破擦音
	[ʒ]（それ以外）ジャ・ジュ・ジョ	→有声・後部歯茎・摩擦音（「ジ」参照）
チャ行	[tʃ] チャ・チュ・チョ	→無声・後部歯茎・破擦音（「チ」参照）
ヂャ行	（「ジャ行」参照）	
ニャ行	[ɲ] 有声・硬口蓋・鼻音（「ニ」参照）	
ヒャ行	[ç] 無声・硬口蓋・摩擦音（「ヒ」参照）	
ビャ行	[bʲ] 硬口蓋化（「ビ」参照）	
ピャ行	[pʲ] 硬口蓋化（「ピ」参照）	
ミャ行	[mʲ] 硬口蓋化（「ミ」参照）	
リャ行	[rʲ] 硬口蓋化（「リ」参照）	
ン	[m] [n] [ɲ] [ŋ] [N] など[6]	
ッ	[k] [s] [ʃ] [t] [p] など[7]	

表 2.3 行の分類による調音点と調音法（（町田編（2003）をもとにした）

			両唇音	歯茎音	後部歯茎音	硬口蓋音	軟口蓋音	口蓋垂音	声門音
口音	破裂音	無声	パ行 p	タテト t			カ行 k		ʔ
		有声	バ行 b	ダデド d			ガ行 g		
	摩擦音	無声	フ ɸ	サセソ s	シ ʃ	ヒ ç			ハヘホ h
		有声		ザズヅゼゾ z	ジヂ ʒ				ɦ
	破擦音	無声		ツ ts	チ tʃ				
		有声		ザズヅゼゾ dz	ジヂ dʒ				
	弾き音	有声		ラ行 ɾ					
	接近音	有声	（ワ）(w)			ヤ行 j	ワ w または ɰ		
鼻音		有声	マ行 m	ナヌネノ n		ニ ɲ	ガ行 ŋ	N	

---

5) 硬口蓋化は 2.2.1 項.
6) 撥音は 2.1.3 項 a.
7) 促音は 2.1.3 項 b.

五十音の各行における子音を整理すると表2.3（[ ]は略し，撥音などは除く）のようになる．カ行のように同じ子音に母音が後接する場合だけでなく，サ行やタ行をはじめ，複数の子音によって発音されていることがわかる．

[条件異音と自由異音]　たとえば，ハ行は表2.4のように住み分けがなされている．これを「相補分布」をなしているという．さらに音素としては /h/ であるが，それぞれの実際の子音の発音は後接する母音によって [h][ç][ɸ] と異なっている．これを「条件異音」という．

表2.4　ハ行の子音と母音との関わり

	[a]	[i]	[ɯ]	[e]	[o]
ハ行　[h]	は			へ	ほ
ヒャ行　[ç]	ひゃ	ひ	ひゅ	ヒェ	ひょ
ファ行　[ɸ]	ファ	フィ	ふ	フェ	フォ

カタカナで表されたものは2.1.6項．

一方，「ラ」の子音を [ɾ] としても [l] としても意味の区別に影響なく /r/ として理解する．これを「自由異音」という．

b.　五十音の排列

五十音図の配列は，古代インド文字の一種のシッタン（悉曇）文字の配列表の影響を受けている．最初に調音点に基づくグループ（カサタナハマ行），次に調音法に基づくグループ（ヤラワ行）を配列している．それぞれに喉の奥から順に口の前に向かって並んでいる．

⎧ カ行：　軟口蓋音
｜ サ行：　歯茎音
｜ タ行：　歯茎音（歴史的にはチ・ツも同様）
⎨ ナ行：　歯茎音
｜ ハ行：　両唇音（歴史的に [ɸ] であったため）
⎩ マ行：　両唇音

⎧ ヤ行：　硬口蓋音
⎨ ラ行：　歯茎音
⎩ ワ行：　両唇・軟口蓋音

c. 発音しやすい子音と発音しづらい子音

幼児が言語を習得していくにあたり，どの音から出せるようになるのだろうか．野田ほか（1969）によると（図2.6），発音しづらい音は「発達の遅いサ・ス・セ・ソ音，ザ・ズ・ゼ・ゾ音，シャ行音，ツ音などであるが，ダ・ド・デ音，ナ行音，ワ音などの案外発達の早い音もある」とする．一方，両唇音の発音が早い．発話しやすい音と，発話しづらい音があることがわかる．

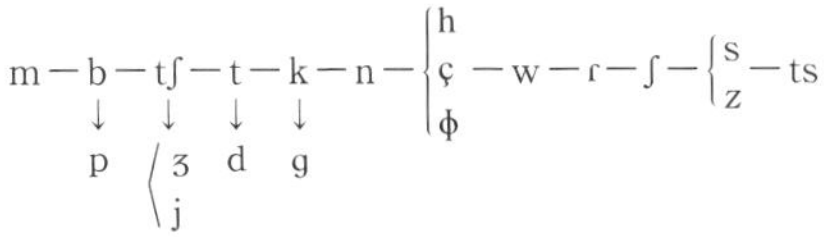

$$m-b-t\int-t-k-n-\begin{cases}h\\ç-w-r-\int-\\ \phi\end{cases}\begin{cases}s\\z\end{cases}-ts$$
$$\downarrow\quad\downarrow\quad\downarrow\quad\downarrow$$
$$p\quad\ ʒ\ \ d\ \ g$$
$$j$$

・無声音と有声音は同時に完成するわけではない．また，同じグループでもずれがある．
・語頭や語尾に位置するより，語中に位置する方が難しくなる傾向がある．しかし，前後のほかの音との組み合わせにより関係があるようである．

図2.6 発音の完成順（左から右へ）

発話ができないために，別の音に置き換えられてしまうことがある（複数が生じるものもある）．

　　く<u>さ</u>（草）　　→く<u>た</u>，く<u>ちゃ</u>，く<u>しゃ</u>，く<u>か</u>
　　えんぴ<u>つ</u>（鉛筆）→えんぴ<u>ちゅ</u>，えんぴ<u>ち</u>，えんぴ<u>す</u>，えんぴ<u>tu</u>，えんぴ<u>く</u>
　　<u>り</u>んご（林檎）　→<u>い</u>んご，<u>di</u>んご，<u>に</u>んご，<u>じ</u>んご，<u>ぎ</u>んご

2.1.3 日本語の音韻と音素

日本語の音声を IPA によって示すと，同一行内の子音であっても実際の発音に際して，具体的に細かな異なりがある．しかし，先に上げたハ行をはじめ，同一行内での細かな異なりが意味上の対立に影響を与えない場合，一元化して抽象化させてとらえることができる．おおよそ次のように整理できる．

　　母音音素：　/a, i, u, e, o/
　　半母音音素：/j, w/
　　子音音素：　/k, s t, c, n h, m, r, g, (ŋ), z, d, b, p/
　　特殊音素：　/N, Q, R/

また，母音を軸に子音や半母音なども用いて構成される自立拍に対して，撥音「ン」/N/（「問題」/moNdai/），促音「ッ」/Q/（「ショック」/sjoQku/），引き音「ー」/R/（「おおかみ」/oRkami/）を特殊拍ともいう．

a. 撥音（はねる音）

撥音は表記で「ン」と示され，音素としては /N/ で示す．しかし，その音声は一律ではない．たとえば，ヘボン式ローマ字による表記では，SHINJUKU に対して，SHIMBASHI と，撥音をNとMで書き分け，それぞれの発音が異なることをNとMで示している．後接する音とのかかわりから厳密にはさらに区別が可能である．また，これらの違いをさらに詳細に分類したものが表2.5である．

表 2.5　撥音の異なり（町田編（2003）をもとにした）

後続音	異音					
	両唇鼻音 [m]	歯茎鼻音 [n]	硬口蓋鼻音 [ɲ]	軟口蓋鼻音 [ŋ]	口蓋垂鼻音 [ɴ]	鼻母音 [Ṽ]
1. [p b m]（両唇音）	○					
2. [t d ts dz n ɾ]（歯茎音）		○				
3. [tʃ dʒ]（後部歯茎音）[ɲ]（硬口蓋音）			○			
4. [k g ŋ]（軟口蓋音）				○		
5. なし（語末）					○	
6. [a i ɯ e o]（母音）[j w]（接近音）[s ʃ h ç ɸ]（摩擦音）						○

3. は [tɕ dʑ]（歯茎硬口蓋音）とするのが円滑である．なお鼻母音のVは母音を示す．

図2.7のように撥音の直前で発話を止めることでそれぞれの口の中の違いを確認することができるものがある．このようにある環境のもとに具体的な発音が変わるが，意味上での対立が生じないため，音素 /N/ の条件異音となる．また，後続する音によって前の音が決まる現象を逆行同化現象という．

b. 促音（つまる音）

音素では促音を /Q/ と示している．パソコンのローマ字入力で小さい「っ」を入力する際は，「切符」を kippu のように，後続する子音を2回入力している．

促音は，「切手」[kitte]，「ベッド」[beddo] と，次の音と同じ構えで1拍分を待っている．後続する音によって前の音が決まるため，逆行同化現象という．

無声・破裂音（[k] [t] [p]），無声・破擦音（[ts] [tʃ]）では，破裂または破擦までの無音の時間をのばし，無声・摩擦音（[s] [ʃ]）では，摩擦の時間をのばしている．また，有声音の場合には声帯を振動していると考えられるが，実際には無声音化していることが多い．

促音が生じる場合を語種の面から分類すると，特に，和語と漢語については，カ・サ・タ・パ行の無声子音の直前に生じるが，無声子音であってもハ行音については外来語[8]に限られる．また，有声子音の直前に促音が生じるのは外来語である．

① カ・サ・タ・パ行（無声・破裂音，無声・破擦音，無声・摩擦音）の子音である [k][t][p]/[tʃ][ts]/[s][ʃ] の直前．
   和語，漢語，外来語　例，あっさり，しっとり，どっしり，作家（サッカ），不一致（フイッチ），発表（ハッピョウ），ナッツ，トップ

② ハ行音（無声・摩擦音）の子音である [h][ç][ɸ] の直前．
   外来語　例，マッハ，チューリッヒ，スタッフ

③ ガ・ザ・ダ・バ行（有声・破裂音，有声・破擦音）の子音である [g][d][b]/[dʒ][dz] の直前．
   外来語　例，バッグ，レッド，スノッブ，ジャッジ，グッズ

④ 清濁の対立のないア・ナ・マ・ヤ・ラ行，「ワ」の前には促音は生じない[9]．

促音がなくなるとどうなるのか，ステファノ・フォン・ロー（2008）の一節がある．

　　小さい"つ"がいなくなって，実際，多くの人が困ってしまったんだ．
　　一つ例をあげてみよう．

図 2.7　撥音の異なり（小栗・ラズロ（2005））

---

8)　話し言葉では「わっはっは」などもある．
9)　方言，また外来語はその限りではない．

ある弁護士が商売でだまされた人から相談を受け，相談の最後に裁判で訴える気持ちがあるかどうかを確認しようとした．
「どうしましょうか？　訴えますか？　それとも訴えませんか？　あなたからOKがあれば，訴えますよ．」
ところが，実際に口から出た言葉は，こうだった．
「どうしましょうか？　歌えますか？　それとも歌えませんか？　あなたカラオケがあれば，歌えますよ．」

c.　引き音

音素で /R/ として示している長音符「ー」は，IPA では [ː] で示し，[aː] [iː] [ɯː] [eː] [oː] となる．前の母音が1拍分のびている．撥音と促音とは異なり，前にくる音によって後続する音が決まるため順行同化現象となる．

長音符「ー」は，もっぱら外来語やオノマトペに用いられる．和語をかなで書き記す際には「ああ」（ア列），「いい」（イ列），「うう」（ウ列），「ええ」（エ列）と二度繰り返す．オ列は「おう」とする（「おお」とするものもある）．また，漢語は「えい」（エ列）と「おう」（オ列）とする．しかし，一音一音区切って発音しない限りは「アー」「イー」「ウー」「エー」「オー」と発音している（表2.6）．

表2.6　引き音

	和語	漢語	外来語
[aː]	おかあさん（オカーサン）	把握 ハアク（ハーク）	ラーメン
[iː]	おにいさん（オニーサン）	地域 チイキ（チーキ）	ストロベリー
[ɯː]	ゆうやけ（ユーヤケ）	空気 クウキ（クーキ）	スープ
[eː]	おねえさん（オネーサン）	平和 ヘイワ（ヘーワ）	ケーキ
[oː]	おとうさん（オトーサン）・おおかみ（オーカミ）	効果 コウカ（コーカ）	トースト

また，地名や人名の引き音とローマ字表記の読みやすさとのかかわりについては，表2.7のような結果がある（「平成22年度　国語に関する世論調査」）．

母音上に横棒（マクロン）を加えたものが56.9%と半数を超える結果となった．

表2.7　ローマ字の読みやすさ（「神戸」，単位%）

表記	Kōbe	Kobe	Kôbe	Koobe	Koube	Kohbe	どれが読みやすいとも言えない	分からない
平成22年度	56.9	10.8	8.0	1.5	11.6	3.3	2.4	5.4
平成12年度	40.1	14.2	18.8	2.0	9.6	2.3	2.9	10.1

引き音を示さないもの，仮名遣いのようにuを加えたもの，さらに，母音上に山形の記号（サーカムフレックス）を用いたものと続く．hや，oを2つ示す例は少ない．

街中で見かける長音を示すものには，次のようなものなどがある．

図 2.8　神楽坂茶寮　　　　　図 2.9　KO:HI:KAN

2.1.4　母音の無声化

日本語は子音と母音を1つのユニットとする構造であるが，実際の発音に目を向けてみると，「服（フク）」の「フ」の母音が発音されないことがあるように子音だけで発音されている場合がある．これを母音の無声化という．

　　服　/huku/　[ɸɯ̥kɯ]　（無声化を補助記号［ ̥］で示す）

次のような条件を満たした場合に無声化しやすい．ただし，アクセント核にあたる場合には生じにくい．

① 無声子音（カ・キャ・サ・シャ・タ・チャ・ハ・ヒャ・パ・ピャ行）に，狭母音である「イ」「ウ」がはさまれた場合．

　　　　無声子音 +（i or u）　無声子音 +（母音）
　　　　学生（が<u>く</u>せい）・少ない（<u>す</u>くない）・布団（<u>ふ</u>とん）

② 無声子音に続く狭母音「イ」「ウ」が語句の終わりにある場合．

　　　　茄子（な<u>す</u>）・しか<u>し</u>・○○で<u>す</u>．

ほかにも無声子音に狭母音をはさんで促音が続く場合（切手（<u>き</u>って））などがあげられる．条件が整った場合に無声化するのは「キ・シ・チ・ヒ・ピ」と「ク・キュ・ス・シュ・ツ・チュ・フ・ヒュ・プ・ピュ」ということになる．

また，母音の無声化については，地域による異なりがあり，その分布を示したものが図 2.10 である．

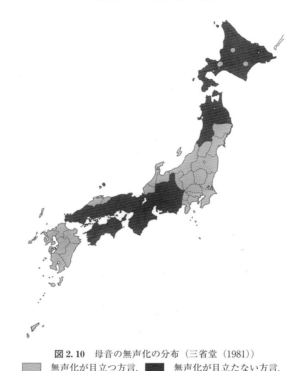

図 2.10　母音の無声化の分布（三省堂 (1981)）
　　　　無声化が目立つ方言，　　　　無声化が目立たない方言．

2.1.5　ガ行鼻音・半濁音

a.　ガ行鼻音

　たとえば，「音楽（オンガク）」「あまぐり」「だんご」「わたしが」の「ガ」行音をどのように発話しているだろうか．語中，語尾，（また格助詞・接続助詞の「が」）のガ行音には，単独のガ・ギ・グ・ゲ・ゴの子音の発音と同じ [g] と，鼻から息が抜けるように発音する [ŋ] の2種類がある．後者の [ŋ] の発音をガ行鼻（濁）音，鼻濁音などと称する（図 2.11）．

　[g] と [ŋ] の調音点はともに軟口蓋である．そして，有声音である．しかし，調音法は破裂音と鼻音の異なりがある．（表 2.1）．

　それぞれの表記において，[g]「ガギグゲゴ」，[ŋ]「カ°キ°

図 2.11　[k][g]（左）と [ŋ]（右）

グ ゲ ゴ」と示すことができる．「ガ ギ グ ゲ ゴ」は実際の表記としては見かけないが，福島市のリンゴの登録商標「ふくしまリンゴ」（図 2.12）には「ゴ」が用いられている[10]．

図 2.12 登録商標「ふくしまリンゴ」[10]

ガ行鼻音は，語頭では用いられず，語中・語尾で用いられるのであるが，次のような場合にはガ行鼻音で発話しない．

① 「戦後（センゴ）」に対して，「千五（センゴ）」といった数字の場合
② 「ガタガタ」といったオノマトペの場合
③ 接頭語の「お」などに続くガ行音（「お元気（オゲンキ）」の場合
④ 「日本銀行（ニッポンギンコー）」といった語基と語基の結合が緩やかな語構成の場合

そもそも，ガ行鼻音を合唱や演劇の練習などで初めて知ることも多い．それは，ガ行鼻音を使用しない地域も多いためである．また，ガ行鼻音の使用地域は東北から近畿にかけてであったが（図 2.25），急速に衰退をたどっていることにもよる（図 2.13）[11]．

このガ行鼻音には地域に加え時代といったものも大きくかかわる．中世の日本語資料である J．ロドリゲス『日本大文典』（1604-1608）にその指摘がある[12]．また，18，19 世紀の江戸時代の資料に次のような使い分けが確認できる．

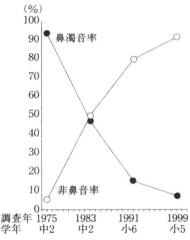

図 2.13 長野市小中学生におけるガ行鼻濁音（鼻濁音）・非鼻音の推移（馬瀬 (2003)）

---

10) 福島市（http://www.city.fukushima.fukushima.jp/soshiki/22/1020.html）には次のようにある．
「ゴ」は，ガ行音の鼻音化（鼻に抜ける発音）した鼻濁音で，[rinŋo]（n はママ）と表記します．その鼻にかかった優しい響きは，甘さとほのかな酸味が絶妙にマッチした高品質でまろやかな「福島のリンゴ」を表しています．
11) もともと話せた人も使わなくなっている．
12) Tòga（科），Vareràga（われらが），Nàgasaqui（長崎）の代りに，Tonga（とんが），Vareranga（われらんが），Nangasaqui（なんがさき）とする例がある．

謡曲指南書『音曲玉淵集』（1727）
　　「鼻へひゞかせねばならぬ」　→ガ行鼻音
　　「甚いやしく」聞こえる　　　→非鼻音
滑稽本『浮世風呂』（1807）
　　「常のにごり」　　　　→ガ行鼻音
　　「いなかのなまり詞」　→非鼻音

　このような記述がなされていること自体，ガ行鼻音の存在を示す必要が生じていたとも考えられる．
　ローマ字で記された19世紀の日本語会話書を確認すると，さらに実態が明らかになる（以下，邦訳されたタイトルで示す・下線は筆者）．
① J. リギンズ（1860）『英日日常語句集』〈長崎〉
　　語頭　Go doo chiu go buji de gozarimashta ka.
　　　　「御道中御無事でござりましたか．」
　　語尾　Hirusugi ni maire.
　　　　「昼過ぎに参れ．」
② S. R. ブラウン（1863）『会話日本語』〈神奈川〉
　　語頭・語中　Go ze-n o a-nga-ri ni o yu-ki na-sa-re.
　　　　「御膳おあがりにお行きなされ．」
③ F. ラウダー（1867）『日英会話書』〈横浜〉
　　語頭　Daiku to goza-ya mo tsurete sanjimash'ta.
　　　　「大工と茣蓙屋も連れて参じました．」
　　語尾　Tamango wo motte mairimasho ka.
　　　　「タマゴを持って参りましょうか．」

　ほぼ同時代に，ローマ字によって記された日本語である．①〜③の表記を整理することで，1860年代の地域による違いを確認できる．それぞれの著者は，①は長崎，②と③は神奈川・横浜に住んでいる．①では区別がなく，②と③では語中・語尾の子音を ng として，区別している．
　現代では，アナウンサーのガ行鼻音の発話も，NHK 65％，民放 55％ という結果があるように，衰退している．その理由の一つとして，「オンガク」と「オンガク」と，非鼻音とガ行鼻音のいずれを用いても，意味の異なりや区別が生じないことがあげられる．

また，ガ行鼻音は，演歌の世界でながらえてはいるが，J-POP といった中での位置づけ，さらには日本語教育での扱いといった点からもいろいろと検討することができる．

b. 半濁音

「パ・ピ・プ・ペ・ポ・ピャ・ピュ・ピョ」を指し，パ行の直音と拗音を半濁音という（2.2.1 項）．無声音ながら半濁音という名称である．現代ではハ行音とバ行音が清濁の関係であるが，有声音と無声音の関係ではバ行音とパ行音となる（図 2.14）．

清濁の関係

ハ行 ⇔ バ行

清音と半濁音　　　　有声音と無声音
（漢字と漢語）　　　　（オノマトペ）

パ行

図 2.14　ハ行とバ行とパ行

さまざまな見解があるが，漢字と漢語では，「発（ハツ）」「表（ヒョウ）」などは単独ではハ行音で，「発表（ハッピョウ）」と促音の後がパ行音となる．一方，オノマトペでは，「パンパン」と「バンバン」，「ポコポコ」と「ボコボコ」と，パ行とバ行の対比となる．

2.1.6　外来語に用いる子音

現代日本語に用いられる子音の中には母音と結合しながらも和語・漢語には用

表 2.8　外来語に用いる子音（カタカナは外来語だけに用いられる音節）

	[a]	[i]	[ɯ]	[e]	[o]
サ行　[s]	さ	スィ	す	せ	そ
ザ行　[dz]	ざ	ズィ	ず	ぜ	ぞ
シャ行　[ʃ]	しゃ	し	しゅ	シェ	しょ
ジャ行　[dʒ]	じゃ	じ	じゅ	ジェ	じょ
タ行　[t]	た	ティ	トゥ	て	と
チャ行　[tʃ]	ちゃ	ち	ちゅ	チェ	ちょ
ツァ行　[ts]	ツァ	ツィ	つ	ツェ	ツォ
ダ行　[d]	だ	ディ	ドゥ	で	ど
ヒャ行　[ç]	ひゃ	ひ	ひゅ	ヒェ	ひょ
ファ行　[ɸ]	ファ	フィ	ふ	フェ	フォ
ヤ行　[j]	や		ゆ	イェ	よ
ワ行　[w]	わ	ウィ		ウェ	ウォ

表 2.9　タ行音と母音と関わり（カタカナは外来語だけに用いられる音節）

		[a]	[i]	[ɯ]	[e]	[o]
タ行	[t]	た	ティ	トゥ	て	と
チャ行	[tʃ]	ちゃ	ち	ちゅ	チェ	ちょ
ツァ行	[ts]	ツァ	ツィ	つ	ツェ	ツォ

いられず，「スマートフォン」「シェールガス」「グァバ」「チーズフォンデュ」といった外来語に積極的に用いられるものがある．そのために現代日本語の標準的音節（表 2.11）には現れていない．そこで，表 2.8 では，表 2.11 をもとに漢語・和語にも用いられるものにはひらがな，外来語のみに用いられるものはカタカナで示す．

和語と漢語（表内のひらがな）では空欄とされているところに外来語（表内のカタカナ）がうまく組み込まれ，現代日本語の体系の「あきま」[13]となっている部分を埋めていることがわかる．

タ行について整理してみると表 2.9 のようになる（ハ行については表 2.4）．たとえば，「ティールーム」「トゥモロー」「チェック」「ツァイス」「ツェッペリン」「カンツォーネ」といったことばに用いられている．

現代日本語の標準的音節（表 2.11）に加えられないものとして，文部科学省による「外来語の表記」には，「デュ」（第 1 表）「クァ，クィ，クェ，クォ，グァ，ヴァ，ヴィ，ヴ，ヴェ，ヴォ，テュ，フュ，ヴュ」（第 2 表）があげられる．いずれにも含まれないものとして，「グィ，グェ，グォ，キェ，ニェ，ヒェ，フョ，ヴョ」などをあげる（「スィ」「ズィ」も第 1 表と第 2 表に含まれない）．

2.2　日本語の音節と拍

たとえば，「ポップコーン」はいくつの音から成り立っているだろうか．いろいろな答えが返ってきそうである．それは，「ッ」「ー」「ン」のとらえ方によるのであろう．音を数えるということは一定し難い面があり，その基準が異なるためである．

数え方は，音声学的な視点に立った「音節」と，音韻論的な視点からの「拍」と大きく 2 つに分けることができる（表 2.10）．

2 つの違いは，実際の発音の流れに沿って撥音，促音，引き音を前の音節にま

---

13)　歴史的変遷については第 3 章．

2.2 日本語の音節と拍

表 2.10 音節と拍（「ポップコーン」）

音節	ポッ		プ	コーン			3音節
拍	ポ	ッ	プ	コ	ー	ン	6拍

とめるか，意味の識別の観点（2.2.2 項 a）に立って独立させるかといったことである．まとめると音節，独立させると拍となる．

2.2.1 音　　節

日本語の標準的な音節は，単音の組み合わせとかかわり，大きく直音，拗音，撥音，促音，引き音に分けることができる．さらに，直音と拗音は，清音，濁音，半濁音によって構成されている．表 2.11 のようになる．

直音と拗音[14]
・直音：　仮名1文字で記される（ただし撥音，促音，引き音はのぞく）．
・拗音：　「キャ」「ジュ」「ピョ」などと「ャ」「ュ」「ョ」（開拗音），「クヮ」「グヮ」と「ヮ」（合拗音）を小書きにしたもの（音素としては /j/，/w/）．ただし，外来語に用いられる「ファ」「トゥ」などのように「ァ」「ィ」「ゥ」「ェ」「ォ」を用いるものは含めない．また，直音のイ段音（例，[ʃi]「し」）は，拗音のイ段音（例，[ʃa]「しゃ」，[ʃu]「しゅ」，[ʃo]「しょ」）として説明することができる．

拗音のうち，キャ行 [kʲ]，ギャ行 [gʲ]，ギャ行 [ŋʲ]，ビャ行 [bʲ]，ピャ行 [pʲ]，ミャ行 [mʲ]，リャ行 [rʲ] には，[j][15] が付随する．それは，[k][g][ŋ] の調音点が軟口蓋，[b][p][m] は両唇，[r] は歯茎であるため，拗音（[j] があること）また母音が [i] の際には硬口蓋寄りの調音点になる．キ・ギ・ピ・ビ・ピ・ミ・リについても精密表記では [kʲi][gʲi][ŋʲi][bʲi][pʲi][mʲi][rʲi] となる．これを口蓋化または硬口蓋化という．一方，それ以外のシ・ジ（ヂ）・チ・ニ・ヒ（シャ・ジャ（ヂャ）・チャ・ニャ・ヒャ行）の調音点はそもそも硬口蓋（もしくは硬口蓋寄り）であるため，[j] が用いられていない．

清音と濁音と半濁音
・清　音：　ア・カ・サ・タ・ナ・ハ・マ・ヤ・ラ・ワ行の直音と拗音を指す．

14）撥音・促音・長音は 2.1.3 項．
15）[kʲi] を [ki]，[kʲa] を [kʲja] や [kja] とも．

表 2.11 現代日本語の標準的な音節

清音

ア [a]	イ [i]	ウ [ɯ]	エ [e]	オ [o]
カ [ka]	キ [ki]	ク [kɯ]	ケ [ke]	コ [ko]
サ [sa]	シ [ʃi]	ス [sɯ]	セ [se]	ソ [so]
タ [ta]	チ [tʃi]	ツ [tsɯ]	テ [te]	ト [to]
ナ [na]	ニ [ɲi]	ヌ [nɯ]	ネ [ne]	ノ [no]
ハ [ha]	ヒ [çi]	フ [ɸɯ]	ヘ [he]	ホ [ho]
マ [ma]	ミ [mi]	ム [mɯ]	メ [me]	モ [mo]
ヤ [ja]		ユ [jɯ]		ヨ [jo]
ラ [ɾa]	リ [ɾi]	ル [ɾɯ]	レ [ɾe]	ロ [ɾo]
ワ [wa]				

濁音

ガ [ga]	ギ [gi]	グ [gɯ]	ゲ [ge]	ゴ [go]
ガ [ŋa]	ギ [ŋi]	グ [ŋɯ]	ゲ [ŋe]	ゴ [ŋo]
ザ [dza]	ジ [dʒi]	ズ [dzɯ]	ゼ [dze]	ゾ [dzo]
ダ [da]			デ [de]	ド [do]
バ [ba]	ビ [bi]	ブ [bɯ]	ベ [be]	ボ [bo]

半濁音

パ [pa]	ピ [pi]	プ [pɯ]	ペ [pe]	ポ [po]

拗音

キャ [kʲa]	キュ [kʲɯ]	キョ [kʲo]
ギャ [gʲa]	ギュ [gʲɯ]	ギョ [gʲo]
ギャ [ŋʲa]	ギュ [ŋʲɯ]	ギョ [ŋʲo]
シャ [ʃa]	シュ [ʃɯ]	ショ [ʃo]
ジャ [dʒa]	ジュ [dʒɯ]	ジョ [dʒo]
チャ [tʃa]	チュ [tʃɯ]	チョ [tʃo]
ニャ [ɲa]	ニュ [ɲɯ]	ニョ [ɲo]
ヒャ [ça]	ヒュ [çɯ]	ヒョ [ço]
ビャ [bʲa]	ビュ [bʲɯ]	ビョ [bʲo]
ピャ [pʲa]	ピュ [pʲɯ]	ピョ [pʲo]
ミャ [mʲa]	ミュ [mʲɯ]	ミョ [mʲo]
リャ [ɾʲa]	リュ [ɾʲɯ]	リョ [ɾʲo]

撥音

ン [m] [n] [ɲ] [ŋ] [N] など

促音

ッ [k] [s] [ʃ] [t] [p] など

外来語に用いられるものは表 2.8.

濁音であるガ・ザ・ダ・バ行に対してカ・サ・タ・ハ行を清音とすることもある．
・濁　　音：　ガ・ザ・ダ・バ行の直音と拗音を指す．有声音と無声音の関係（バ行とパ行を除く）にある．
・半濁音：　パ行音の直音と拗音を指す．有声音のバ行に対して，無声音としてパ行が該当する（2.1.5項b）．

2.2.2　拍
a.　等時性

「カバ」と「カバン」と「看板（カンバン）」（撥音），「事態（ジタイ）」と「実態（ジッタイ）」（促音），「地図（チズ）」と「チーズ」（引き音）と，意味が変わる．撥音，促音，引き音が意味を区別する役割を果たしていることが確認できる．それは，それぞれを同じ時間幅（厳密に等時間という訳ではない）による1拍として認識しているためである．短歌や俳句で音数を数える際にも用いられる．

b.　拍の構造

日本語の拍の構造は主に母音を軸として子音などの音素の組み合わせからなる[16]．子音 'consonant' をCとし，母音 'vowel' をVとし，そして半母音 'semivowel' をSとして示す．

・V：　　ア行
・CV：　　カ・ガ・サ・ザ・タ・ダ・ナ・ハ・バ・パ・マ・ラ行
・SV：　　ヤ・ワ行
・CSV：　拗音
・特殊音素：撥音 /N/，促音 /Q/，引き音 /R/
　　「問題」 /moNdai/，　「ショック」 /sjoQku/，　「おおかみ」 /oRkami/

日本語は子音を先頭に母音で終わるユニットからなることが多いためCV構造と称する．このように母音で終わる音節を開音節という．なお，子音で終わるものを閉音節という．

表2.12は表2.11に比べ，子音の異なりが集約されている．同じ行の音声学上の異なりが，意味の識別には影響を与えていないためである．

日本語における最も多い拍数について図2.15によると，3拍から6拍で9割

[16) 英語では CV_1V_1（長母音）や CV_1V_2（二重母音）を重音節（CVCも含む）とするが，日本語ではCVとVに分けて扱う．

表 2.12　現代日本語の標準的な拍

/a	i	u	e	o	ja	ju	jo	wa/
/ka	ki	ku	ke	ko	kja	kju	kjo/	
/ga	gi	gu	ge	go	gja	gju	gjo/	
/sa	si	su	se	so	sja	sju	sjo/	
/za	zi	zu	ze	zo	zja	zju	zjo/	
/ta	ti	tu	te	to	tja	tju	tjo/	
/da			de	do/				
/na	ni	nu	ne	no	nja	nju	njo/	
/ha	hi	hu	he	ho	hja	hju	hjo/	
/ba	bi	bu	be	bo	bja	bju	bjo/	
/pa	pi	pu	pe	po	pja	pju	pjo/	
/ma	mi	mu	me	mo	mja	mju	mjo/	
/ra	ri	ru	re	ro	rja	rju	rjo/	
/N	Q	R/						

外来語とのかかわりを考慮して次のように示す場合もある.

/ta	–	–	te	to	–	–	–/
/–	ci	cu	–	–	cja	cju	cjo/

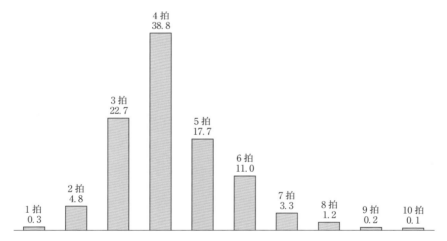

図 2.15　拍数による語彙の分類（単位 %）（宮島ほか編 (1972), 林 (1957)）
NHK『日本語アクセント辞典』(1951 年版) の見出し語形 (約 47,000 語) が調査対象になっている.

以上を占めている．中でも，4 拍が最も多くを占め，次いで 3 拍が多い．これは 2 字の漢字から漢語の多くが構成されていることと関連する．漢字の音読みは 1 拍か 2 拍からなるために，2 字の漢字を組み合わせた漢語が，2 拍から 4 拍になる．また，外来語は全体的に拍数が多くなる傾向がある．

2.3 アクセント

2.3.1 日本語のアクセント

a. アクセントとは[17]

アクセントとは，個々の語について定まっている音の強弱や高低に関する配置の現象や，決まりのことで，次の種類がある．

① 強勢アクセント（強さアクセント，stress accent）： どこを強く発音するかが重要．英語やロシア語など．
② 高低アクセント（高さアクセント，pitch accent）： どこを高く発音するかが重要．日本語など．
③ 声調（声調アクセント，tone）： 語全体をどのような音調で発音するかが重要．中国語やタイ語など．

日本語の現代共通語は高低アクセントであり，語のどこが高いかという位置情報が語の弁別に機能している[18]．

以下の例では太字の拍を高く発音する．

アメ（雨），ア**メ**（飴），**ハ**シ（箸），ハ**シ**（橋）

この高低は大別的なもので，上がっているか下がっているかを大まかにとらえている．音楽の音階のように細かく分けている，というものではない．

日本語のアクセントは，統一不変のものとはいえず，次のような差異が見られる．

① 地域差： 地域による違いが非常に大きく，人々にも意識されやすい．
② 世代差： 高齢層と若年層で差があり，アクセント変化が示唆される．
③ 集団差： ある分野や集団に所属する人になじみがある語において，通常のアクセントと異なるアクセントが使用されることがある．

標準アクセントを決めなければならない理由はこれらの差異に起因する．

アクセントは語（単語）に備わっている規則である．句や文につく音調はイントネーションであり，イントネーションが変わっても，アクセントは変わらない．「**ア**メ（雨）」は，「**ア**メ？↑」のような疑問の上昇調になってもアクセントは変わらず，メの下降に続いてイントネーションによる上昇が起こる．

---

[17] 本節では日本語の現代共通語を対象に述べる．方言アクセントについての詳細は「2.5.2 方言のアクセント」を参照のこと．
[18] 西日本各地の方言では，高低アクセントに加えて，声調の要素も関連する．

b. アクセントの機能

アクセントの機能として,以下の3つが挙げられる.

(1) 弁別機能　同音異義語を区別する.しかし,アクセントによって言い分けている語は必ずしも多くはなく,実際には同アクセントの語が多いので,「アクセントが違う語だと意味の区別ができる」という方が実態にそぐう[19].

　　カキ（柿）, カキ（牡蠣,下記,夏期,夏季,火気,花器など）

(2) 分節機能（統語機能,境界表示機能,頂点表示機能）　語のまとまりや切れ目を表す.日本語の現代共通語アクセントには次の2つの特徴がある.

① 1語のうちで高く発音される部分は1か所にまとまる.続く2拍以上が高くなることはあるが,1語の中で高い場所が離れた2か所以上に出ることはない.

② 語の第1拍と第2拍は高さが異なる.第1拍が高ければ第2拍が低く,第1拍が低ければ第2拍が高い.

この2つの特徴に照らすと語の始まりや切れ目がわかる.

　　「コロッケ（と）パン」高い拍が2ヶ所に出ている→2語
　　「コロッケパン」高い拍が1か所にまとまっている→1語

(3) 社会的機能　話者の属性やスタイルを表す.日本語のアクセントは地域差が大きいため,共通語アクセントと異なるアクセントで話すと,地方出身であることや,または日本語を第一言語とする者ではないことが示唆される.

前述した集団差は「専門家アクセント」と呼ばれる.通常アクセントとは異なる平板アクセントの使用により,その分野になじんでいることが示される.登山用語を例に挙げると次のようになる.

　　通常のアクセント（起伏型）： **アイゼン　ザイル　ザック　ハーケン**
　　専門家アクセント（平板型）： **アイゼン　ザイル　ザック　ハーケン**

思い浮かびやすいのは(1)弁別機能かもしれないが,実例は少ないことからも,(2)分節機能が主要な役割といえる.また現代社会では(3)社会的機能の役割も大きい.共通語化が進んだ中で,方言アクセントや社会方言としての専門家アクセントを使用することにより地域属性やアイディンティティーを示すことができる.

---

19) 同音異義語のうちアクセントで区別できるものは,中国語では71%,日本語では14%,英語では0.5%という調査結果が示されている（柴田・柴田(1990)).

2.3.2 名　　　　詞[20]
a. アクセントの型

アクセントの高低の組み合わせパターンを「アクセントの型」(アクセント型，型) という．アクセントの分節機能のところで述べたように，日本語の現代共通語のアクセントには，① 1 語のうちで高く発音される部分は 1 か所にまとまる，② 語の第 1 拍と第 2 拍は高さが異なる，という 2 つの特徴がある．そのため，実現するアクセント型は限られる．表 2.13 に名詞アクセントの一覧を示す．

同じ 1 拍名詞でも，「日」と「火」は助詞がついた文節の単位で見るとアクセント型が異なる．2 拍名詞「端」と「橋」も同様である．

表 2.13 から，1 拍名詞には 2 つ，2 拍名詞には 3 つ，3 拍名詞には 4 つ，4 拍名詞には 5 つの型があることがわかる．「n 拍名詞には n + 1 の数の型がある」といえる．これを「n + 1 型アクセント体系」という．型が複数あることから「多型アクセント体系」とも称される．

b. アクセント型の区別

高く発音される最初の位置（上がり目）は関与せず，低くなる位置（下がり目）が型の区別を決めている．アクセント型を決める要素は，次の 2 つということになる．

① その語に「下がり目」があるか，ないか．

表 2.13　名詞の型一覧表（1〜4 拍の和語）[21]

型（式）	型（下位分類）	1 拍の語	2 拍の語	3 拍の語	4 拍の語
平板型・無核型（平板式）	平板型（0 型）	ヒ（ガ）日（が）	ハシ（ガ）端（が）	サクラ（ガ）桜（が）	ウケツケ（ガ）受付（が）
起伏型・有核型（起伏式）	尾高型（−1 型）		ハシ（ガ）橋（が）	オトコ（ガ）男（が）	イモート（ガ）妹（が）
	中高型（−2 型）			タマゴ（ガ）卵（が）	アオゾラ（ガ）青空（が）
	中高型（−3 型）				ウグイス（ガ）鶯（が）
	頭高型	ヒ（ガ）火（が）（−1 型）	ハシ（ガ）箸（が）（−2 型）	ミドリ（ガ）緑（が）（−3 型）	カマキリ（ガ）かまきり（が）（−4 型）

---

[20] 2.3.2 項から 2.3.6 項は『明解日本語アクセント辞典』(1958) から『新明解日本語アクセント辞典』(2001) に記載される「アクセント習得法則」に多くを依拠している．

[21] 5 拍以上の和語・漢語はほとんどが複合語であるため，2.3.4 項を参照のこと．

② 下がり目がある場合，「どこに」あるか．
　アクセント型を決める位置のことを「アクセント核」という．日本語の現代共通語では下がり目がアクセント核である[22]．アクセント核をもつ型を「有核型」または「起伏型（起伏式）」，もたない型を「無核型」または「平板型（平板式）」という[23]．有核型（起伏型）は，頭高型（あたまだか），尾高型（おだか），中高型（なかだか）に下位分類される．
　語末から（助詞は付けないで）数えて n 拍目が下がる（アクセント核がある）かという示しかたもある．

　　平板型：　下がる場所がないので「0 型」（ゼロ型）という．
　　尾高型：　助詞の直前の語末拍が下がるので「−1 型」（マイナス 1 型）という．
　　中高型・頭高型：　語によって異なり，「−2 型」「−3 型」のようになる．
　句の中で発音すると語の拍の高低の位置が変わることがある．
　　「端」　語：ハシ（ガ）　句：コノハシガ（右側です）
　　「橋」　語：ハシ（ガ）　句：コノハシガ（日本橋です）
句の出だしや終わりに出現する音調のことを「句音調」という．句になることによって高さの位置が変わることはあるが，下がり目は変わらない．特殊拍を含む音節から語が始まる場合，句音調の現れ方が変則的になる．長音，撥音，二重母音の後部母音を含む場合は出だしから高く，促音を含む場合は上昇が遅れる．

		普通の発音	丁寧な発音（語アクセント）
長音	「東京」	トーキョー	トーキョー
撥音	「反対」	ハンタイ	ハンタイ
二重母音	「最初」	サイショ	サイショ
促音	「四つ」	ヨッツ	ヨッツ

c. 語種・語構成とアクセント型

　和語，漢語，外来語の順で平板型が多く，日本語で古いものほど平板型の比率が高くなる傾向がある．
　和語の単純語（1〜3 拍）や 1，2 字漢語（1〜4 拍）では，平板型か頭高型になるものが多い（表 2.13）．

---

[22] 東北地方には，上がり目がアクセント核になる方言がある．
[23] 現代の日本語アクセント研究では「式」という用語を声音の要素が関連する西日本の方言アクセントの中で用いるが，（アクセントを主専門としない）言語学界では従来の用語である「起伏式・平板式」も通常使用されている．

外来語は−3型が大半を占める（ライト，ストレス，スクリーン）．語末から3拍目が特殊拍の場合は前の拍にアクセントの位置がずれる．語末からアクセント核までは拍で数え，アクセント核を担うのは音節であることがわかる．

ボーナス（長音），**ホ**ッケー（促音），スポ**ン**サー（撥音），**ナ**イロン（二重母音の後部母音）

1, 2拍の外来語は頭高型が多い（**ド**（が），**レ**（が），**チョ**コ，**ペ**ン）．

表2.13 漢語名詞の型と語例（所属語彙が多い型）

	1拍漢語	2拍漢語	3拍漢語	4拍漢語
平板型	胃　詩		指名　漫画	天候　転校
頭高型	絵　市	駅　家具	氏名　使命	解釈　介錯

2.3.3 固有名詞

a. 固有名詞のアクセント型

固有名詞は，普通名詞に比べてアクセント型が少ない．語彙が多いのは平板型や−3型，少ないのは尾高型や−2中高型である．

語種や拍数，語構成や語の新旧がアクセント型に関連するが，例外も多く，「規則」というよりは「傾向」というべき特徴もある．

別の品詞からの転成語は，もとのアクセントから変わらないものもあるが，規則的に固有名詞の型に変化させる傾向が見られる．

姓の例：　普通名詞と異なり，頭高型になる（東，西，南，北，杉，滝など）

名の例：　普通名詞と異なり，頭高型になる（南，梅，竹，夏，冬など）

　　　　　動詞と異なり，平板型になる（しのぶ，たもつ，みのるなど）

このようなものは，同じ語形をアクセント型を違えることによって固有名詞であることをわかりやすくする「意味グループ（意味カテゴリー）表示機能」であるととらえる考え方もある（上野（2002））．

b. 地名のアクセント

標準アクセントと地元で使われるアクセントが一致しないものもあるが，基本的には地元では地元のアクセントを用いるのが望ましいとされる．

1, 2拍語は頭高型（津，呉，奈良など）が多い．江戸，水戸などの例外もある．3拍語は平板型（上田，甲府など）か頭高型（熱海，京都など）になる．4拍語は

低高低低型（金沢，山梨など）か平板型（世田谷，沖縄など）になり，県名は前者がやや多いが，例外に埼玉，大分などの頭高型がある．5拍以上の語は複合語が多く，複合名詞の規則に準じたアクセントとなる．各語に「都道府県，市町村」などがついた語は，これらを複合名詞の後部要素とした規則に準じたアクセントとなる．

中国や東洋などでの漢語の地名・国名は，ほとんど頭高型（呉，唐，印度，韓国など）になる．例外に台湾，南京などの中高型がある．カタカナでの地名・国名は，外来語名詞の規則に準じ，−3型（イエメン，ネパール，メッカなど）が大半を占める．2拍語は頭高型（ジャワ，チリなど）が多く，古くに入った地名は平板型（イギリス，エジプトなど）が多い．語末から3拍目が特殊拍の場合は前の母音にアクセントの位置がずれる（ブータン，マレーシア，ワシントン，ケンタッキー，サイパンなど）．

c. 姓のアクセント

標準アクセントと本人が使うアクセントが一致しないものもあるが，テレビ放送アナウンスなどで用いるのは本人が使うアクセントとすることが多い．

姓には複合語と一般名詞・地名からの転成語とがある．次のように転成語の方が規則的である．

　　3拍複合語で後部が「田」：　平板型（山田，吉田など）と頭高型（黒田など）
　　3拍転成語：　多くが頭高型（平，宮城，柳など），平板型（小川，林など）

外国姓で，中国・韓国人名の日本読みは頭高型（リ，イー（李））になる．カタカナで表すものは−3型（スミス，バッハなど）が多く，2拍語は頭高型（ショー，マネなど）になる．4拍語では頭高型（エジソン，マルクスなど）が多い．

d. 名のアクセント

1, 2拍語は全て頭高型になる（アヤ，ケン，イブ，ポチ，ミケなど）．名にも複合語と転成語とがある．複合語は複合名詞の規則に準じ，転成語の方が規則的である．

　　3拍複合語で後部が「エ，ヨ，オ」は平板型（マサエ，マサヨ，マサオ），後部が「コ，カ，ゴ，ジ，タ」は頭高型（ノリコ，ゲンゴ，コージ）
　　3拍転成語の名詞由来は同アクセント（カスミ，サザエ），動詞由来は平板型（トール，ハジメ），形容詞と形容動詞由来は頭高型（キヨシ，シズカ）

姓名を続ける場合，型によっては，姓と名のところで区切るか，一続きにするかでアクセントの表れ方が変わる（ヤマダ・マサオ→ヤマダマサオ）．

e. 団体名のアクセント
　原則として，名詞の規則に準じる．名詞や固有名詞から転成してできたものが多く，原則としてもとのアクセントを生かす．
f. 固有名詞の省略語・対立語
　2拍省略語は頭高型になる（ヒデコ→**ヒ**デ，**デ**コ）．3，4拍省略語は多くが平板型になる（秋葉原→アキバ，アキハ）．5拍以上は中高型が多い（甲斐・信濃・越後→コー**シン**エツ）．並立する語は平板型が多い（安房・上総→ボーソー（房総））．対立的な意味の漢語は頭高型が多い（薩摩・長州→**サッ**チョー（薩長））．

2.3.4　複合名詞
a. 複合語の前部要素と後部要素
　長い単語，特に5拍以上の語は複合語であることが多く，これらのアクセントをみる場合は，複合語を前部要素と後部要素に分け，各音節数と元アクセントによって分析する．

　複合名詞は新語や生産的に作り出せる語が多く，かつ古くからの慣用的な語もあるため，アクセントは規則的に導き出せるものから個別的なものまでさまざまで，複雑である．特に前部，後部要素とも2拍以下のものは規則で説明できないものが多い．
b. 後部要素の関連性
　現代共通語の複合名詞のアクセントは，前部要素は関与せず，後部要素によって決まる．このような特徴は「後部決定型」と呼ばれる[24]．例）後部要素が「学」の場合，前部要素がいずれのアクセント型でも「ガク」の一つ前にアクセント核が来る．例外に「数学」がある．

　　地理：　**チ**リ＋ガク→チ**リ**ガク　　　言語：　**ゲン**ゴ＋ガク→ゲン**ゴ**ガク
　　地質：　**チ**シツ＋ガク→チ**シ**ツガク　　建築：　**ケン**チク＋ガク→ケン**チ**クガク
「ガク」の前が特殊拍の場合，前の母音にアクセントの位置がずれる．
　　気候：　キ**コー**ガク（長音）　　天文：　テン**モン**ガク（撥音），
　　社会：　シャ**カイ**ガク（二重母音の後部母音）
　特殊拍はアクセント核を担わない，すなわちアクセントは音節につく，ということは複合名詞でも同様である．

---
24)　方言では，前部要素が決めるもの（九州の二型アクセントなど）や，前部と後部の両方が関わるもの（京阪式アクセントや，東北方言の一部）がある．

c. 3種類の複合名詞アクセント

共通語の複合名詞は次の3種になる．

(1) 2語連続 前部，後部とも，アクセント型を保持する．
  ① 並立関係の語に起きやすい．
     セーリ＋セートン→セーリ-セートン（整理整頓）
  ② 格関係にある場合に起きやすい．
     タイリョク＋テーカ→タイリョク-テーカ（体力低下）

(2) 不完全複合名詞 前部のアクセント型を削除し，後部のアクセント核を保持する．
     マンゴー＋ヨーグルト→マンゴー-ヨーグルト

(3) 1単位複合名詞 前部，後部ともアクセント型を削除し，新たな位置にアクセント核を置く．
  ① 後部が1拍： マクラ＋キ（が）→マクラ-ギ（枕木）
  ② 後部が2拍： ビックリ＋ハコ→ビックリ-バコ（びっくり箱）
  ③ 後部が3拍： コイ（が）＋ノボリ→コイ-ノボリ（鯉幟）
  ④ 後部が4拍： クラブ＋カツドー→クラブ-カツドー（クラブ活動）

1単位複合名詞は起伏型になり，アクセント核は後部要素が1, 2拍の場合は前部要素の末尾拍に，後部要素が3, 4拍の場合は後部要素の初頭拍に置かれる．後部要素の拍数がアクセント型に関連している．

以上のように3種とも，後部要素の長さや構造がアクセント型を決める要素として働く．

d. 3つ以上の語による複合名詞のアクセント

左枝分かれ構造と右枝分かれ構造でアクセントが異なる場合がある（図2.16）．

左枝分かれ構造では，**サイコーサイ-ハンケツ**のように，アクセントが1単位にまとまることが多く，右枝分かれ構造では，**コーハク-ウタガッセン**のように，アクセントが2単位に分かれることが多い．

図2.16 左枝分かれ構造と右枝分かれ構造

2.3.5 動詞・形容詞

a. 動詞のアクセント

現代共通語の動詞のアクセントの特徴は次のようになる．

① 平板型（無核型）と起伏型（有核型）の２つに分かれる．
② 起伏型は－2型になる．
③ ①と②は，拍数，活用の違いにかかわりなく，全ての動詞に当てはまる．
   平板型： 聞く・知る・上がる・はじめる・巻く・振る・買う・腫れる
   起伏型： **書**く・**切**る・**下**がる・あ**つ**める・**蒔**く・**降**る・**飼**う・晴**れ**る
④ 活用で語形変化しても，平板型と起伏型の区別が保たれる[25]．たとえば「聞く」（カ行上一段動詞）と「書く」（カ行五段動詞）は以下のようになる．

	終止形	過去形	否定形	テ形	連用形	仮定形	命令形
平板型：	聞く	聞いた	聞かない	聞いて	聞きに	聞けば	聞け
起伏型：	**書**く	**書**いた	**書**かない	**書**いて	**書**きに	**書**けば	**書**け

⑤ 動詞の語形は全て，アクセント核の位置が規則的に決まる．
   a. 過去形
      平板型： 聞いた・知った・はじめた・はたらいた→0型
      起伏型： **書**いた・**切**った・あ**つ**めた・おど**ろ**いた→－3型
   b. 否定形
      平板型： 聞かない・知らない・はじめない・はたらかない→0型
      起伏型： **書**かない・**切**らない・あ**つ**めない・おど**ろ**かない→－3型

動詞に助動詞がついて動詞句になるときは，もとの動詞のアクセント型と同様になる．動詞の使役形，使役受身形のアクセントの例を以下に示す．
   平板型： 開ける　開け‐させ‐る　開け‐させ‐られ‐る
   起伏型： **閉**める　閉**め**‐させ‐る　閉め‐さ**せ**‐られ‐る

b. 形容詞のアクセント

現代共通語の形容詞のアクセントの特徴は次のようになる．
① 平板型（無核型）と起伏型（有核型）の２つに分かれる．
② 起伏型は－2型になる．
③ ①と②は，拍数の違いにかかわりなく，全ての形容詞に当てはまる．
   平板型： あかい・かなしい・つめたい・おもい・まるい
   起伏型： し**ろ**い・うれ**し**い・うつく**し**い・おびただ**し**い・**よ**い
④ 活用で語形変化しても，平板型と起伏型の区別が保たれる．例として「甘い」と「辛い」を比較すると次のようになる．

---

[25] 必ずしも終止形と同じアクセント型になるわけではなく，たとえば平板型の語は仮定形（聞けば）や意志形（聞こう）は－2型になる．

	過去形	否定形	テ形	連用形	仮定形
平板型：	あまかった	あまくない	あまくて	あまくなる	あまければ
起伏型：	からかった	からくない	からくて	からくなる	からければ

⑤ 形容詞の語形は全て，アクセント核の位置が規則的に決まる．

 a. 過去形
  平板型： あかかった・かなしかった・つめたかった → −4型
  起伏型： しろかった・うれしかった・うつくしかった → −5型

 b. 仮定形
  平板型： あかければ・かなしければ・つめたければ → −3型
  起伏型： しろければ・うれしければ・うつくしければ → −5型

(1) 形容詞アクセントのゆれ 近年，平板型と起伏型のアクセントが同型になる現象が見られる．例として「甘い」と「辛い」のアクセントのゆれ（ゆれの語に波線）[26]を以下に示す．

	終止形	過去形	否定形	テ形	仮定形
平板型：	あまい	あまかった	あまくない	あまくて	あまければ
起伏型：	からい	からかった	からくない	からくて	からければ

また，新語として現れる形容詞のアクセントは「キモい，ケバい，チャラい，ナウい」など，−2型の起伏型が多い．同様に動詞新語も「ググる，トラブる，パクる，パニクる，ミスる」など，アクセントは−2型の起伏型が現れやすい．動詞と形容詞は−2型の起伏型が生産的な型であるといえる．

(2) 形容詞派生語のアクセント 形容詞からの派生名詞，派生動詞は，もとの形容詞アクセントの型と同様になる．

	形容詞	派生名詞	派生動詞
平板型：	かたい	かたさ	かたまる・かためる
起伏型：	よわい	よわさ	よわまる・よわめる

2.3.6 副詞その他

a. 副詞のアクセント

 他の品詞からの転成語が多く，擬態語・擬声語，畳語を含む語も多いため，アクセント規則は複雑である．おおむね平板型，中高型が多く，尾高型は現れない．拍数により以下の傾向がある．

---

26) ゆれが比較的少ないものは連体形と連用形（ク形）で，連体形は「あまいもの・からいもの」，連用形は「あまくなる・からくなる」で，違いが示される．

2拍語：　ほとんどが頭高型（なお，まだ）で，平板型（じき）は少ない．
3拍語：　頭高型（あまた，むしろ）が多いが平板型（やおら）もある．
4拍語：　平板型（あいにく，まんざら）が多く，−3中高型（しばらく，もちろん）もある．

転成語はもとの語のアクセントに準じる（よく，はやく，さいわい）．もとの名詞が尾高型の語は副詞では平板型になる（あまり，みんな）．

b. 接続詞のアクセント

ほとんどが転成語と複合語であり，もとの語のアクセントを生かす（かつ，でも，また，じゃあ，だって，しかし，おなじく，ところが）．

c. 指示詞・疑問詞のアクセント

指示詞は平板型が多い（ここ，これ，こちら，そこ，それ，あそこ）．複合的な語は頭高型，中高型になる（かなた，あなた，あなた）．

促音を含む語は尾高型になる（こっち（が），そっち（が），あっち（が））．

疑問詞は頭高型になる（いつ，だれ，どう，どこ，どの，どれ，どんな，なぜ，なに，なんで，いくつ，いくら）．「何」がつく語は頭高型（なにか，なんだか）になるが，複合度が強い語は平板型になる（なんぴと，なにとぞ，なにゆえ）．

d. 数詞・助数詞のアクセント

複雑で，名詞や接尾辞のアクセントと著しく異なる．複合数詞の規則も複合名詞の規則とまったく異なり，助数詞がつく場合も名詞に接尾辞がつくときの規則と異なる．音声面でも，通常生じる鼻音化や連濁が起きないという現象が見られる．このような音声・アクセントであるのは，数詞を際立たせるためと考えられる．語としてよりは，数の一つ一つを「数」として間違いなくはっきり伝えるための方策という面があると考えられる．

e. 形容動詞のアクセント

形容動詞はその語幹部分が名詞に相当するため，名詞アクセントに準じたアクセント型になる．

	語幹	終止形	連体形	連用形
平板型：	じょうぶ	じょうぶだ	じょうぶな	じょうぶに
起伏型：	しずか	しずかだ	しずかな	しずかに

f. 助詞のアクセント

現代共通語の助詞は，無核のものと有核のものとがある．

　　無核の助詞：　が・に・で・は・へ・も・を・から・だけ

有核の助詞：　　まで・さえ・より・ばかり・ぐらい
「無核名詞+無核助詞」では，文節全体が平板型になる．
　　　平板型名詞：　さくらが　さくらは　さくらを　さくらから　さくらだけ
「有核名詞+無核助詞」では，助詞は低いピッチで現れる．
　　　頭高型名詞：　**みどりが　みどりは　みどりを　みどりから　みどりだけ**
　　　中高型名詞：　**たまごが　たまごは　たまごを　たまごから　たまごだけ**
　　　尾高型名詞：　**おとこが　おとこは　おとこを　おとこから　おとこだけ**
「無核名詞+有核助詞」では，助詞部分に下がり目が現れる．
　　　　さくらまで　さくらさえ　さくらより　さくらばかり　さくらぐらい
「有核名詞+有核助詞」では，頭高型名詞と中高型名詞についた有核助詞の1拍目ははっきりと高くは現れず，中くらいの高さになり，さらに2拍目以降が下がるという音調になる（網掛けした拍は，中くらいの高さの音調）．
　尾高型名詞につくと，有核助詞のアクセントの下降は抑えられて弱まる．
　　　頭高型名詞：　**みどり**まで　**みどり**さえ　**みどり**ばかり　**みどり**ぐらい
　　　中高型名詞：　**たまご**まで　**たまご**さえ　**たまご**ばかり　**たまご**ぐらい
　　　尾高型名詞：　**おとこまで　おとこさえ　おとこばかり　おとこぐらい**
　無核助詞が2つ以上連結すると，前方助詞最終拍の後ろに下がり目が現れる．
　　　平板型名詞：　さくらに-も　さくらで-は　さくらから-も　さくらだけ-から
　　　頭高型名詞：　**みどり**に-も　**みどり**で-は　**みどり**から-も　**みどり**だけ-から
　　　中高型名詞：　**たまご**に-も　**たまご**で-は　**たまご**から-も　**たまご**だけ-から
　　　尾高型名詞：　**おとこ**に-も　**おとこ**で-は　**おとこ**から-も　**おとこ**だけ-から

2.4　イントネーションとプロミネンス

2.4.1　イントネーションとは

　言語的な機能をもつ音調（声の高さの変動）が実現するにはさまざまな単位がある．前節までに見たアクセントとは主として単語単位に定まっている音調パターンであった．ここで取り扱うイントネーションは単語よりも大きな単位，すなわち句や節，文といった単位に被さる音調のパターンである．イントネーションとアクセントとは異なる単位に生じる言語機能であるから相互に独立しており，イントネーションがアクセントの高さの配置を破壊することは原則的にない（後述）．
　従来，イントネーションの機能は平叙文や疑問文など話し手の表現意図や，驚

きや不満などの気持ち（モダリティ）に対応する音調というカテゴリで捉えられてきた．これに加えて文の構造にかかわる統語機能も近年明らかになってきた．

2.4.2　話し手の表現意図や気持ち（モダリティ）の表出

音調とモダリティの関係のうち，代表的なものを音声分析ソフト praat を使って示す．例としてミニマルペアの「雨（アメ）」（左）：アクセントは頭高型と「飴（アメ）」（右）：アクセントは平板型を用いる．

「雨」「飴」ともに，〈疑問〉は上昇調（図 2.17），〈平叙〉は自然下降（デクリネーション）を伴う平板調（大きな高さの変動がない）（図 2.18），〈不審〉は上昇調＋末尾を長くのばす（図 2.19），〈驚き〉は単語のアクセントが持つ高さの変動を大きくするとともに末尾に向けて顕著に下降する（図 2.20）といった特徴をもつ[27]．イントネーションには声の高さの変動のみならず，長短やポーズなども並行して現れることに注意が必要である．

前述したようにイントネーションは「雨」「飴」のアクセントを破壊していない．たとえば〈疑問〉では「雨」（●○）が持つ高さの相対的配置を保ち，次末拍から末拍にかけて下降させたうえで上昇させる．「飴」（○●）はアクセントを活かしたまま末拍をさらに上昇させている．

2.4.3　句頭のイントネーション

東京方言では句頭の上昇が句の始まり，切れ目（そこから始まる）を示すことが知られている．東京方言における単語の音調には 1 拍目から 2 拍目にかけて下降するもの（「雨」）と上昇するもの（「飴」）がある．しかし，たとえば「その」を付けて「その雨」「その飴」を比較すると，後者の上昇は消えてしまう．語頭の上昇は義務ではないことから，これはアクセントではなくイントネーションに属する特徴であると考えられている（上野（1989a）ほか）．

「スモモモモモモモモノウチ」という音連続を「李も桃も桃のうち」という意味でゆっくり丁寧に発音すれば，それぞれ「李も」「桃も」「桃のうち」の頭が低くなる．この音連続全体を早くぞんざいに発音すれば，スだけが低く後は自然下

---

[27] 郡（2003）ほかによれば 5 種類の型が認められるという．① 疑問型上昇調：本書の〈疑問〉にあたる．② 強調型上昇調：子どもがだだをこねて要求するときに「テレビ↑」のように末尾を上昇させる音調．③ 顕著な下降調：本書の驚きにあたる．④ 上昇下降調：早くしてくれの意味で親しい者に使う「ハヤ↑ク↓」のような上昇と下降を組み合わせた音調．⑤ 平調：本書の〈平叙〉にあたる．

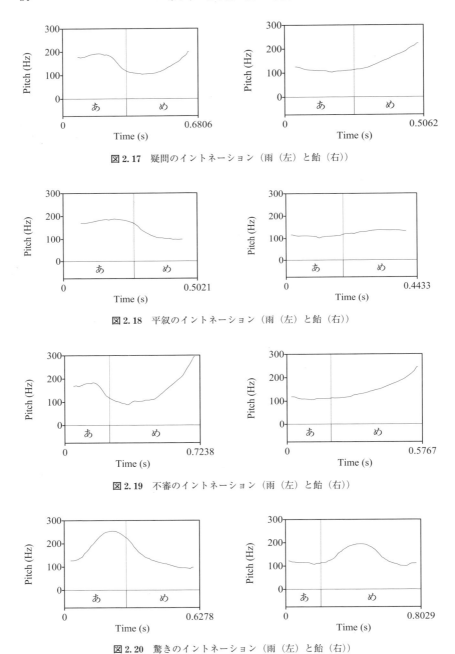

図 2.17　疑問のイントネーション（雨（左）と飴（右））

図 2.18　平叙のイントネーション（雨（左）と飴（右））

図 2.19　不審のイントネーション（雨（左）と飴（右））

図 2.20　驚きのイントネーション（雨（左）と飴（右））

降を伴いつつも全て高く平らな音調にすることができる．しかし「李も桃も，桃のうち」のように句の切れ目を入れて発音しようとすると，句頭である「桃も」の頭は必ず低くなる．

2.4.4 アクセントの弱化と文法構造

文法構造を反映して，イントネーションがアクセントの弱化をもたらすことが知られている（図 2.21）．「海の雨」（「海」「雨」は起伏式アクセント，「海」が「雨」を修飾する構造）では左図のとおり「雨」の高さの変動が弱められ，右図「森の雨」（「森」は平板式アクセント）では「森」と「雨」がひとまとまりとなることで，どちらも1つの句を形成することがわかる．

またいわゆる枝分かれ構造の違いがイントネーションの違いに対応する場合もある（窪薗（1997）ほか）．たとえば色々な飴が話題になっている時に特定の飴を指して「[あの飴の] 味」という場合と，スナック菓子やジュースの味などが話題になっているときに飴の味を指して「あの [飴の味]」という場合の音調を見てみよう（図 2.22）．左図では全体が1つのまとまり（イントネーション句）

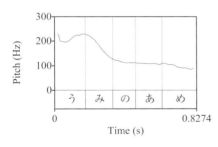
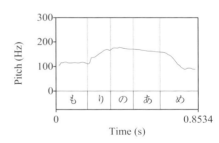

図 2.21　アクセントの弱化

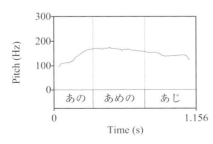
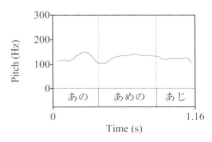

図 2.22　イントネーション句

が形成されるのに対し，右図では「飴の味」の直前に上昇があり全体のまとまりが阻止されている（つまり「飴の味」だけがひとまとまりになっている）ことがわかる．

2.4.5　イントネーションの諸相

イントネーションには上記のほかさまざまな変種のあることが知られている．1970 年代から関東の若い女性が使うようになったという「尻上がりイントネーション」（井上（1994））は，「それでー，あたしがー」のように文節末を伸ばすとともに，文節末で上昇し下降する（昇降調）特徴をもつ．このイントネーションは狭義のモダリティ機能を持たないが，まだ発話の途中であり相手に話のターンを渡さないという談話上の機能をもつと考えられている．またこのイントネーションはしばしば「幼い」「甘え」「軽薄」といったネガティブなイメージと結びつくという．

1990 年代前半に使われるようになった「擬似疑問イントネーション」「半疑問イントネーション」（井上（1997））は文節末や単語末が上昇し「きのう↑テレビでやってた↑番組↑…」のように用いられる．疑問の意図をもたない場合に用いられることが特徴で，同意・確認要求など談話上の機能をもつと考えられている．

また，「疑問」の機能をもつ音調として「とびはねイントネーション」も近年広がりつつある（田中（1993））．このイントネーションの音調上の特徴は，文末が上昇する点では疑問と同じだが，語が本来持つアクセント型を破壊しながら上昇する点にある．たとえば起伏型の形容詞否定形「カワイ］クナ］イ」では，アクセントが消え文末に向けて連続的に上昇する．なお，「とびはねイントネーション」は以前には東京で「浮き上がり調」（末尾の 2 拍だけ上昇させ「カワイ］ク［ナイ」と発音する）が用いられていた．どちらも同意要求の機能を持っており，「とびはね」は「浮き上がり」が変化したものと考えられている（田中（2010））．

このほか，〈疑問〉であっても必ずしも上昇を伴わない方言もあるなど，近年イントネーションの地域差にかかわる研究も進んでいる（木部（2010）・（2013））．

2.4.6　プロミネンス

発話の一部分を強調することをプロミネンス（卓立）という．プロミネンスのためには前後にポーズを置く，該当部分をゆっくり発音する，声の大きさを変えるなどあるが，ここでは高さを変える方法について触れる．図 2.23 は「海で雨

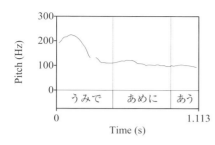 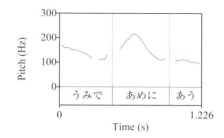

図 2.23 プロミネンス

に会う」という文において，プロミネンスを「海で」に置いたのを左に，「雨に」に置いたのを右に示している．

両図からプロミネンスを置くとその部分が高くなり，左図からプロミネンス後ではアクセントが弱化する（高さの変動が目立たなくなる）ことがわかる．

2.5 方　　言

2.5.1 方言の発音

a. 日本語の方言音声

(1) 方言音の意識　方言の音声は俗に「訛り」として古代より人々に意識されてきたが，ある地域限定で見られるとは限らず，分布範囲に大小の差があり，人々のとらえかたも一様とはいえない．たとえば，全国各地で使われる訛音には次のようなものがある．

　　アスコ（あそこ），アスブ（遊ぶ）：　少し古めかしい印象でとらえられる．

　　ヒチ（七），ヒク（敷く）：　東京方言のヒとシの混同がよく知られるが，全国に分布が見られる．

　　エバル（威張る），トンビ（鳶）：　共通語と意識されることが多い．

(2) 文法との関連　方言音は，上記のように単語の音の一部が共通語と異なるという現象だけではなく，文法事象に現れることも多い．たとえば，動詞「買う」（ワ行五段活用，文語ではハ行四段活用）の過去形は東日本と山陰の一部でカッタという促音便，西日本ではコータというウ音便になる．また，「出した」「指した」（ともにサ行五段活用）は，東海・北陸・近畿・中国・四国・北九州でダイタ，サイタのようなイ音便になる．

(3) 日本語史との関連　音声の地理的変容は，日本語音の歴史的変化を反映している．日本語史上，ある時代に特徴的に存在した音声が，ある地域において

引き続き，またある程度形を変えつつ使われているということである．
　　「買った」： 東日本での変化：カフィタリ（「買ひたり」）→カフタリ（フィ
　　　　　　　　の母音部分イの脱落）→カッタ（子音連続が生じたことによ
　　　　　　　　る促音便化）
　　　　　　　西日本での変化：カフィタリ→カウィタリ（ハ行転呼音によ
　　　　　　　　る変化）→カウタリ（母音イの脱落と唇音退化）→コータ（ア
　　　　　　　　ウ連母音のオ列長音化）

ほかにも，全国各地の方言に見られるバ行音とマ行音の交替（「寂しい」におけるサビシーとサミシー）も，日本語史と関連ある現象である．文献国語史の分野からは，マ行音からバ行音への変化が上代から中古の時代に，そしてそれよりも遅れてバ行音からマ行音への変化が起こったと分析されている．文献により中央語の語史が明らかにされているものに，マ行音→バ行音では，キミ→キビ（黍），ヘミ→ヘビ（蛇）などが，バ行音→マ行音では，ケブリ→ケムリ（煙），カタツブリ→カタツムリ（蝸牛），ネブル→ネムル（眠る）などがある．

(4)　現代の方言音　　共通語体系と各地の方言体系のバイリンガル状態である現在では，各地の特色ある方言音声と共通語音声を場面により使い分けている状況が見受けられる．共通語音声は普及したが，方言音声が全部共通語音声に置き換わったわけではない．共通語化が浸透し，全国にあまねく通じる言語体系をもったことで，各地の方言体系が共存しやすくなったという面もある．また，現在は方言に対する否定的な意識がかつてに比べると格段に低くなり，反対に方言を肯定的にとらえる意識が主流となっている．このような意識の変化も反映して，方言を出さない・隠すということは少なくなり，むしろ方言を意識化して気づいた語形や言いまわしを積極的に記録し発信し使用する，といったことが見られる．

b.　方言音声の分類と分布例

(1)　全国規模の音韻地図　　明治35年（1902）に文部省に設置された国語調査委員会は，翌年音韻に関する調査事項29項目を選んで各府県に調査を依頼し，その結果を明治38年（1905）3月，『音韻調査報告書』1冊と『音韻分布図』29枚として発表した．後者は日本全国の音韻分布を知ることができる最初の分布図である．昭和41年（1966）には国立国語研究所が『日本言語地図1』を刊行し，この中の第1図から第16図は音声項目に関する方言地図が収められている．

(2)　音韻による方言分類　　全国の音韻分類は図2.24のようになる（金田一(1953)，図は加藤(1977)による）．

2.5 方言

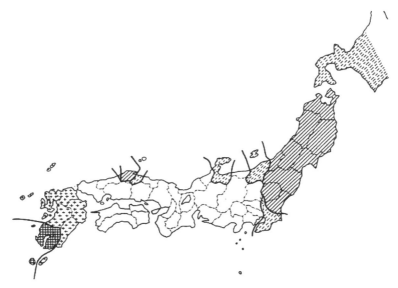

図 2.24 音韻による方言分類（金田一 (1953)，加藤 (1977)）
▨ 裏日本式方言，▩ ○ と ⊘ の中間，☐ 表日本式方言，⊞ ○ と ⊕ の中間，
▦ 薩隅式方言．

　本土方言と琉球方言（鹿児島県奄美諸島以南の地域）は音声特徴に顕著な違いが見られる．また本土方言内を裏日本式方言，表日本式方言，薩隅式方言に三大別した．

　[**裏日本式方言**]　イ段音がエ段音またはウ段音に近く，イとエ，シとスなどが統合する．またウ段拗音（「○ュ」）が欠如する傾向がある．

　　「シ」「ス」「シュ」→「ス」または「シ」に統一
　　「チ」「ツ」「チュ」→「ツ」または「チ」に統一
　　「ジ」「ズ」「ジュ」→「ズ」または「ジ」に統一

これらの音声的特徴から，俗に「ズーズー弁」と呼ばれる．この前者のウ段音に統一される地域は東北南奥方言域（岩手県南部，宮城県，山形県内陸部，福島県）で，後者のイ段音に発音が統一される地域は東北北奥方言域（青森県，岩手県北部，秋田県，山形県庄内地方，新潟県下越地方）で，区別して「ジージー弁」と呼ぶこともある．東北地方の他，雲伯方言域（鳥取県西部と島根県出雲地方）に分布する．

　[**薩隅式方言**]　語末のイ段母音とウ段母音の脱落が多く，促音で終わる閉音節

になる（クッ（口），オキッ（起きる），カッ（書く），ホッ（掘る）など）．九州地方に分布する．

[**表日本式方言**] 共通語音に近い音声．

(3) **ガ行子音の分布** 「学校が（ある）」における「学校」の語頭の「が」と，非語頭の助詞の「が」とで，音声の現れ方に差が見られる地域がある（図 2.25）．語頭では非鼻音 [g] の地域がほとんどで，入りわたり鼻音 [ⁿg]（軽い撥音を伴った「ⁿゴミ」のような発音）と鼻濁音 [ŋ] はわずかである．非語頭では鼻濁音 [ŋ] が従来標準音とされてきたが，非鼻濁音の地域も広い．

(4) **音節の長呼** 「歯」「葉」をハー，「目」をメーのように長呼する現象は西日本に広く見られる．

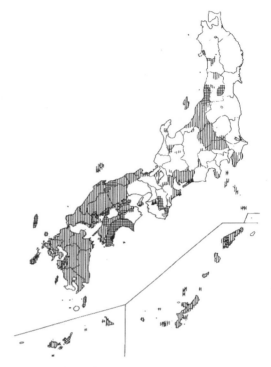

図 2.25 ガ行子音（語頭/非語頭）の分布（上野ほか(1989)）
▓ [g]/[g][ɣ]，□ [g]/[ŋ]，▦ [g]/[ⁿg]，▦ [g]/[ŋg]，■ [ⁿg]/[ⁿg]，▲ [ŋ]/[ŋ]．

[**1 音節語全般に及ぶ地域**] 近畿地方（京都府北部丹後地域，兵庫県北部但馬地域，奈良県十津川から三重県熊野にかけての地域を除く），高知県を除く四国．
[**単語により長呼する地域**] 北陸地方の富山・石川・福井県，四国の高知県，九州の長崎・大分・鹿児島県，奄美以南の琉球方言域．

[**2 音節語の第 1 音節を長呼する地域**] アーシ（足）のように第 1 音節を長呼する．石川県加賀地方，九州天草島・甑島・屋久島，琉球方言域．

[**琉球方言**] 長音節が出ることが多く，マーミー（豆）のように第 1・第 2 音節とも長呼する沖永良部方言や，沖縄県恩納方言がある．また徳之島浅間方言や沖縄島今帰仁村与那嶺方言では，自立語は必ず長音節を含むという特徴をもつ．

(5) **音節の短呼** 動詞・形容詞の連用形ウ音便でオモータ（思った）がオモタ，アコーナル（赤くなる）がアコナルのように短呼されることが北陸・近畿・中国・

四国・九州の熊本・鹿児島で見られる．ただし動詞語幹が2音節以上の語に限られ，コーテ（買って）がコテ，ノーダ（飲んだ）がノダとなることはない．ガッコノセンセ（学校の先生）のような名詞の短呼は，北奥方言域，近畿・四国地方，薩隅方言域を中心に全国で広く見られる．

(6) **促音化**　全国的に見られるが，東日本と西日本で傾向差がある．

　［東日本］　本来ない箇所に促音挿入される例が多い．カワップチ（川淵），キタッカゼ（北風），シタッパラ（下腹）など．

　［西日本］　本来あったある音節が促音化し，全体の拍数を保つ例が多い．テッタイ（手伝い），トッショリ（年寄り），ニッギャカ（にぎやか）など．

c.　**日本語史に関連する事象の例**

(1) **四つ仮名**　標準音声ではジとヂ，ズとヅの区別が失われているが，中世末頃まで中央語で区別があったとされる四つ仮名を方言音声として有する地域（図2.26）は，高知県，九州の福岡県・佐賀県・大分県・宮崎県・鹿児島県，狭い地域では山梨県早川町奈良田，和歌山県紀伊半島南部がある．大分県の一部は，ジ・ヂの区別を失いズ・ヅを区別する「三つ仮名」，共通語音声のようにジ・ズに統合されているのは「二つ仮名」と称する．「一つ仮名」は，ズに統一される地域（俗に「ズーズー弁」），ジに統一される地域（俗に「ジージー弁」），ズ・ジ以外の音声になる地域に分かれる．

(2) **開合音**　共通語のオーの発音は，歴史的仮名遣いのアウ・アフに由来するものと，エ

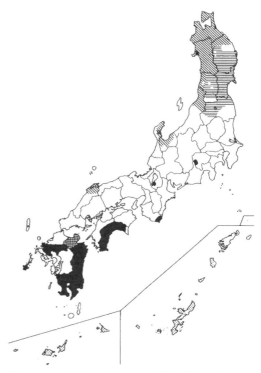

図2.26　四つ仮名の発音による分類と分布（上野ほか(1989)）

■四つ仮名（ジ/ヂ/ズ/ヅ），▦三つ仮名（ジ・ヂ/ズ/ヅ），□二つ仮名（ジ・ヂ/ズ・ヅ），≡一つ仮名（ジ・ヂ・ズ・ヅ＝/zu/），▨一つ仮名（ジ・ヂ・ズ・ヅ＝/zi/），▒一つ仮名（ジ・ヂ・ズ・ヅ＝その他）．

ウ・エフ・オウ・オフ・オホに由来するものがある．前者は広いオー［ɔː］で開音，後者は狭いオー［oː］で合音という．中世末まで中央語では2音を区別しており，これを「開合の区別」という．中央語では区別が失われたが，伝統方言音声として有する地域は，新潟県中越地方，山陰地方，九州，琉球方言域である（図2.27）．地域により開合の音の組み合わせは異なる．

(3) **合拗音** クヮ［kwa］・グヮ［gwa］はクㇴ［kwi］・クェ［kwe］・クォ［kwo］とともに合拗音と呼ばれ，中国漢字音由来の外来音として使われたが，中央語ではクヮ・グヮを残して中世前期に衰退した．クヮジ（火事），グヮンジツ（元日）などの語も，近世期以降唇音退化によ

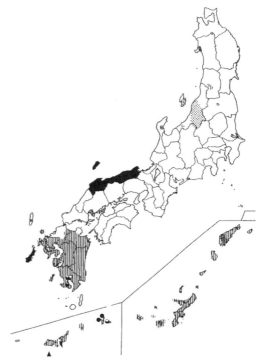

図2.27 開合音の発音による分類と分布（上野ほか(1989)）
▦［ɔː/oː］，▥［oː/uː］，■［a:/oː］，◀［o/uː］，⌣［o/u］，
▲［a/uː］，●［au/uː］，◓［oa/uː］．

り直音化してカ・ガとなった．クヮを伝統方言音声として有する地域のほか，山形・新潟県境と北陸の一部ではそれがファ［ɸa］になったもの，長崎・熊本・鹿児島の一部でパに変化している例も見られる（図2.28）．

d. 琉球方言の音声

(1) **琉球方言内の差異**　琉球方言音声は本土方言音声と異なるさまざまな特徴をもち，かつ琉球方言内でもその差が大きいのが特色である．しかしこれも，物理的な距離を考えると，琉球方言域内の北に位置する奄美大島から南端の八重山列島与那国島までは，東京福岡間にほぼ匹敵する距離である．物理的に遠く，また陸続きではなく海に隔てられた島嶼部であることを考えると，島ごとの差が大きいのもうなづける．

［**母音体系**］　図2.29のように，3母音体系，5母音体系，6母音体系，7母音

体系に分かれる.

[**喉頭化音**] 喉の緊張を伴って発音する音を喉頭音という. 発音記号は [ʔ] で表すことが多い. 一瞬喉がつまるような音(声門閉鎖音) を伴うものである[28].

琉球方言では, 喉頭化([ʔ] を伴う)と非喉頭化(['] で表す)の対立がある.

喉頭化音： ʔwa:（豚）
　　　　 ʔja:（おまえ）ʔutu（音）
非喉頭化音： 'wa:　（私の）
　　　　 'ja:　（家）　'utu　（夫）
　　　　　（西岡（2013）による）

[**ハ行子音**] 中央語では [p] → [ɸ] → [h] と変遷したと推測されるが, 琉球方言にはこの3つの子音が現れる[29].

パナ [pana]（花）　ピー [pi:]（日）　プニ [puni]（船）　フニ [ɸuni]（骨）

図 2.28　合拗音（語頭）の分布（上野ほか（1989））
▓ [kwa]（含 [k'wa]）, ▥ [ɸa], ■ [k'o:], □ [ka].

e.　音声資料の紹介

以上述べた方言音声については, 実例を聴くことで理解が助けられる. ここでは, 音声資料の中で比較的入手しやすく, 初学者も使いやすいであろうものをあげる. 今後はウェブ上での音声資料公開もより多くなると予想され, それらも利用して実際の音声を視聴する機会をもつことができる.

・『国立国語研究所資料集 13　全国方言談話データベース　日本のふるさとことば集成』第1巻北海道・青森〜第20巻鹿児島・沖縄（国立国語研究所編,

---

28) 共通語での発音例は, 非喉頭音は「絵」[e], 喉頭音は不満げに「えーそんなあ」と言うときの「え」[ʔe] で, 一瞬喉がつまるような声門閉鎖音がある.

29) 語頭のハ行音が [p] で現れるのは本土の静岡県安倍川上流域や伊豆大島でも見られる. また [ɸ] も本土の東北, 長野県秋山, 出雲, 隠岐, 長崎県大村に現れる（木部（1999））.

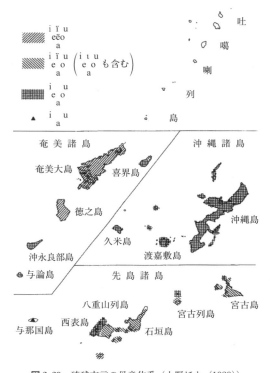

図 2.29 琉球方言の母音体系（上野ほか (1989)）

2001-2008，国書刊行会）： 1977〜1985年にかけて47都道府県で録音した高年層の自然談話が，CD，CD-ROMに収録されている．文字化資料あり．

・『ハイブリッド版 全国方言資料』（日本放送協会編，1999年，日本放送出版協会）： 1952〜1968年にかけて47都道府県で録音した高年層の自然談話と，挨拶場面の模擬会話が，CD-ROMに収録されている．ハイブリッド版以前には，刊行時期の違いにより，冊子版，ソノシート版，カセットテープ版が出された．文字化資料あり．

・『都道府県別全国方言辞典 CD付き』（佐藤亮一編，2009年，三省堂）： 付録のCDに，辞典に記載されている方言例文の一部を話者が読み上げた音声が47都道

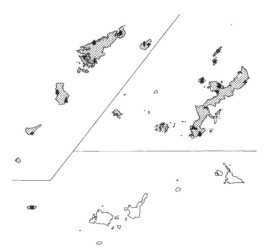

図 2.30 琉球方言の喉頭化音と声門閉鎖音（上野ほか (1989)）
⌒ 喉頭化音がない，・[m']（特定の単語のみ），▲[k']，○[k'][c']，●[t'][k']，▦[k'][c'][s']，▼[p'][t'][k'][c']，■[t'][k'][c'][m']，◆[p'][t'][k'][c'][m']，◇[p'][t'][k'][c'][m'][n']，◁[p'][t'][k'][c'][m'][r']，△[p'][t'][k'][c'][s'][m'][n']，▨ 声門閉鎖音（[ʔi]など）がある．（[ʔ]の存在しない地域には喉頭化音がない）

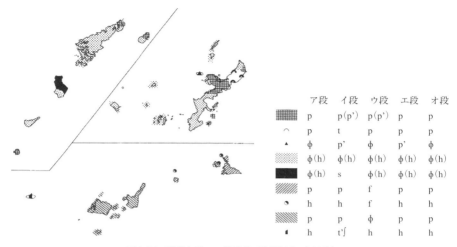

図 2.31 琉球方言のハ行子音（上野ほか（1989））

府県別に収録されている．

- 『お国ことばを知る　方言の地図帳』付録 CD「お国ことばで聴く桃太郎」（佐藤亮一監修・小学館辞典編集部編, 2002 年, 小学館），『ポプラディア情報館　方言』付録 CD「日本全国の方言で聞く「桃太郎」」（佐藤亮一監修, 2007 年, ポプラ社）：
いずれも，標準語テキスト「桃太郎」の方言訳音声が収録され，後者には冊子に文字化が掲載されている．

- 『昔話　ふるさとへの旅』CD47 枚（1999-2005, キングレコード）：　47 都道府県別に，各地の方言話者が語る昔話を収録する．付属小冊子に昔話のあらすじなどが掲載されているが，文字化はない．

- 『奈良田のことば―方言の島―』DVD1 枚（山梨ことばの会企画・NPO 法人地域資料デジタル化研究会製作, 2013 年, NPO 法人地域資料デジタル化研究会）：
山梨県早川町奈良田方言の語り，会話，昔話，民謡などを映像資料化したもの．奈良田方言字幕と共通語訳字幕付き．奈良田方言の四つ仮名音声やアクセントを視聴できる．

- 『琉球諸語の復興』付録 DVD「琉球の島々の唄者たち」（沖縄大学地域研究所編, 2013 年, 芙蓉書房出版）：　沖縄島，宮古島，石垣島，与那国島の方言の語りと唄を中心にその映像を収める．本文の「第 2 部 琉球の島々の唄と言葉」が DVD 収録映像の文字化にあたる．

・「日本語音声データベース」： 1989〜1993年に行われた文部省科学研究費補助金重点領域研究「日本語音声による韻律的特徴の実態とその教育に関する総合的研究」(研究代表者：杉藤美代子)で収集された音声資料のデータベース．内容は五十音，単語，単文，文章，会話等多岐にわたり，世代も若年層から高年層の音声まで収録されている．科研報告書として冊子の他，CD，CD-ROMにまとめられている．2005年にDVD版が財団法人名古屋産業科学研究所より出された．

2.5.2 方言のアクセント
a. 方言アクセントの意識と歴史的経緯
(1) **アクセントの地域差**　日本語のアクセントは統一不変のものとはいえず，地域差，世代差，集団差が見られる．地域差は筆頭にあげられるように，特に差が大きく，人々にも意識されやすい．違いが大きいからこそ，ひるがえって標準のアクセントを定める必要があるといえる．

(2) **共通語アクセント**　近代以降首都が東京となり，標準語（共通語）は東京のことばを基盤に制定されたため，東京式アクセントが現代共通語のアクセントとなっている．しかし東京にも，アクセントの地域的な特徴や世代差があり，厳密には「共通語アクセント」と「東京方言アクセント」は異なる．両者は共通点は多いが，同一のものとはいえない．

(3) **方言アクセントに対する意識**　古代日本人は中国語に接してその声調（四声）に注意するようになり，日本語のアクセントも四声を利用して表記しようとする機運が高まったと考えられる（平山 (1990))．

(4) **文献に残されたアクセント表記**　古くは奈良時代の『古事記』(712)の中に「上・去」などの四声を示す文字が32か所に見られる．平安時代以降は仏典，辞書，歌集，歌学書などに，四声を示す小さな点（声点，四声点，声符）を付けて区別を示すようになった．これらは当時の中央語（京都方言）のアクセントを反映するものであり，これを利用して，京都の古代アクセント復元がなされている．

(5) **方言アクセントについての記述**　室町時代以降は中央語以外の，方言アクセントに関する記述が見える．能楽師の金春禅鳳は『毛端私珍抄』(1455)の中で「京声」（京都語）と「坂東筑紫なまり」「四国なまり」に言及し比較している．江戸時代にはアクセントに言及する資料も増え，釈契沖『和字正濫鈔』

表 2.14 アクセント類別語彙表（部分）

1拍名詞	第1類	柄・蚊・子・血・戸・帆・実・身・…
	第2類	名・葉・日・藻・矢・…
	第3類	絵・尾・木・粉・酢・田・手・菜・荷・根・野・火・穂・目・…
2拍名詞	第1類	飴・梅・枝・顔・風・壁・釜・酒・竹・箱・鼻・庭・桃・鳥・…
	第2類	歌・音・型・川・鞍・寺・旗・人・胸・村・石・垣・紙・旅・…
	第3類	泡・池・色・腕・馬・皮・草・雲・倉・事・島・玉・山・犬・…
	第4類	粟・糸・稲・笠・肩・鎌・今日・今朝・下駄・空・種・松・…
	第5類	雨・井戸・桶・藤・蜘蛛・声・琴・鮒・窓・鷲・秋・鮎・猿・…
動詞	第1類	売る・置く・買う・欠く・遊ぶ・当たる・洗う・歌う・踊る・…
	第2類	取る・打つ・飼う・書く・建てる・生きる・起きる・分ける・…
形容詞	第1類	赤い・浅い・厚い・甘い・荒い・薄い・遅い・遠い・丸い・…
	第2類	白い・青い・暑い・からい・黒い・寒い・狭い・高い・若い・…

（1693），釈文雄『和字大観鈔』(1754)，本居宣長『漢字三音考』(1785) などがある．また釈観応『補忘記』のようなアクセント辞典式の書も著された．

(6) アクセント類別語彙表　明治以降は科学的にアクセント研究がなされ，金田一春彦は「アクセント類別語彙表」を著した．これは古文献に記されたアクセントを分析した結果と，現代諸方言アクセントの記述研究の結果を，統合して作られた表である[30]．表 2.14 に抜枠を掲載する．

この表に示されるアクセントの類が，どのように分かれたりまとまったりしているかを調べることで，その地の方言がどのような歴史的経緯で現在のような姿になったのかを考察できる．また，類別語彙の類の統合状況によって全国の方言アクセントを分類することで，諸方言の系統を推理できる．

(7) 現代アクセントの実態　各地方言アクセントの中にも世代差が見られ，変化を起こしていることが示唆される．また，現代では「専門家アクセント」のような，地域差によるものでない，集団別・その語のなじみ程度の違いがかかわる社会方言としてのアクセントも使われている．さらに現在は，各地でその地の方言アクセントと共通語アクセントを使い分ける現象が通常のこととして見受けられる．アクセントの実態把握のためには，地域差・世代差・集団差・共通語化の影響といった要素も考慮することが必要である．

---

30) 初出は金田一春彦 (1937)．国語学会編 (1955)，同 (1960) で，和田實との共編である「アクセント類別語彙表」の全体を見ることができる．

b. 方言アクセントの種類と特徴

(1) 方言アクセントの種類 ここでは，アクセントの弁別特徴を中心にして，アクセントの型の有無，タイプ，型の区別といったものによって表2.15のように分類した．

(2) アクセントの型の有無 有型アクセントと無型アクセントに分かれる．有型アクセントは，アクセントの高低パターンが決まっているもの，無型アクセントは反対に高低パターンが決まっておらず，その時々の発話によってアクセントがばらばらに出現するものである．

表2.15 方言アクセントの種類

型の有無	タイプ	弁別特徴（アクセント核・声調）	下位分類（名称）	型の区別	型の数	地域	人口比[31]	記述順と例示地点
有型アクセント	多型アクセント	核あり・声調なし	昇り核アクセント	昇り核の位置	n拍につきn+1	東北北部	5%前後	②弘前
			下げ核アクセント	下げ核の位置		東北北部を除く「東京式アクセント」地域	60%以上	①東京
		核あり・声調あり	下げ核+声調アクセント	下げ核の位置と，開始の音調	1拍語は3種，2拍語は4種，3拍語以上はn拍につき2n−1	「京阪式アクセント」地域	20%強	③京都
	N型アクセント	核なし・声調あり	2型アクセント	全体のピッチパターン	2	九州西南部，琉球	5%前後	④鹿児島
			3型アクセント		3	島根県隠岐，琉球		⑤隠岐
			1型アクセント		1	宮崎県都城市・小林市，鹿児島県志布志市・曽於市		⑥都城
無型アクセント	無型アクセント	不定	無型アクセント	なし	不定	東北南部，関東北部，九州中部	10%強	⑦栃木

---

31) 中井（2005）による．

2.5 方言   69

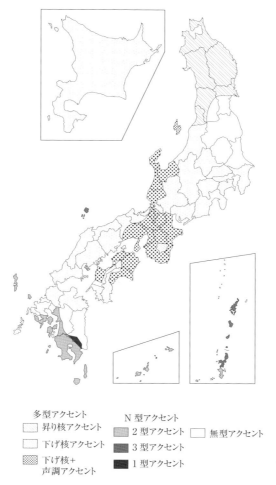

多型アクセント　　　N型アクセント
□ 昇り核アクセント　■ 2型アクセント　□ 無型アクセント
□ 下げ核アクセント　■ 3型アクセント
▦ 下げ核＋　　　　■ 1型アクセント
　　声調アクセント

図 2.32 アクセント分布図（中井 (2005) をもとに作成）

(3) アクセントのタイプ　有型アクセントは，有する型の数によって，多型アクセントとN型アクセントに分かれる（図 2.32）．多型アクセントは，語の拍数によって型の数が変わり，型が複数あることからの名称である．N型は語の拍数に関係なくN個の型しかないことからの名称である．

　以下，タイプの下位分類ごとに，代表地点のアクセントの実例をあげながら，その特徴を述べる．

c. 多型アクセント

(1) 下げ核アクセント　アクセント型を決める位置のことを「アクセント核」（「核」とも）というが，下げ核アクセントは，型の区別が下がり目（「下げ核」という）の位置で決まる形式をもつものである．各語において，高く発音される最初の位置は関与せず，①下がり目があるかないか，②下がり目がある場合どこにあるか，が型を決める．

方言アクセントの中では分布域が最も広く，人口比も60％以上と最大である．また，現代共通語アクセントもこのタイプで，現在では自分の地域方言アクセントのほかに共通語アクセントとして習得している人が多い．

分布域は東北北部を除く「東京式アクセント」地域である[32]．

代表地点として，東京アクセント体系の例を示す．（1～4拍の和語名詞）

	1拍語	2拍語	3拍語	4拍語
平板型	ヒが（日）	ハシが（端）	サクラが	ウケツケが
起伏型	ヒが（火）	ハシが（箸）	ミドリが	カマキリが
〃		ハシが（橋）	オトコが	イモートが
〃			タマゴが	アオゾラが
〃				ウグイスが

1拍語には2つ，2拍語には3つ，3拍語には4つ，4拍語には5つの型があり，n拍語にはn＋1の型があることがわかる．

(2) 昇り核アクセント　昇り核アクセントでは，型の区別が上がり目（「昇り核」という）の位置で決まる形式をもつものである．

代表地点として，青森県弘前方言の例を示す（松森（2012a）による）．名詞に助詞「も」をつけたときのアクセント型で，網掛けした拍は，中くらいの高さの音調を示す．

	1拍語	2拍語	3拍語	4拍語
無核型	エも（柄）	カゼも	ヤナギも	ニワトリも
有核型	エも（絵）	サルも	イチゴも	ミツバチも
〃		ヤマも	オトナも	ムラサキも
〃			ナミダも	キリモチも
〃				コトワザも

n拍語にはn＋1の型があることは下げ核アクセントと同じであるが，異なるの

---

[32] アクセント論では，多型アクセントを「核あり・声調なし」の「東京式アクセント」，「核あり・声調あり」の「京阪式アクセント」に二大別する考え方があるが，本書では東京式アクセントをさらに下げ核アクセントと昇り核アクセントに分けて説明している．

は，型の区別が下がり目ではなく上がり目によってなされている点である．下がり目はいずれも「も」の前に生じていて区別がないが，上がり目が語によって異なっている．

昇り核アクセントでは，各語において，低く発音される最初の位置は関与せず，① 上がり目があるかないか，② 上がり目がある場合どこにあるか，が型を決める．

分布域は東北北部で，東京式アクセントに含まれる地域であるが，全国人口比では 5% 前後と少数である．

(3) 下げ核＋声調アクセント　　従来より「京阪式アクセント」と称される．「中央式アクセント」とも呼ばれる．前者は分布地域を反映させたもので一般によく使われる．後者は分布域が日本列島の中央部ということに由来し，方言史について分析する際に多用される．

分布域は京阪地方と，四国の一部となる．面積は無型アクセントと同じくらいだが，人口比は京阪地方が入ることもあり 20% 強と 2 番目に多い．一般に「関西，近畿のアクセント」と意識されるものがこれにあたる．

京阪式アクセントでは，下がり目がどこかという下げ核の位置と，各語が高く始まる発音か，低く始まる発音か，という違いが弁別特徴になる．

高く始まる発音は「高起式（平進式）」といい，比較的高く始まり全体的に平らな調子で発音される．低く始まる発音は「低起式（上昇式）」といい，低く始まり語句末にかけて上昇調で発音される．

これは，単語やそれが含まれる句全体が「どのように」発音されるか，という音調の種類に関わる情報で，高起式・低起式の「式」は，声調言語における「声調」に相当する．ただし，中国語などの声調は原則として音節単位で声調がかぶさるが，日本語では単語や，単語に助詞の付いた文節の単位で声調がかぶさるため，日本語での声調は「語声調（単語声調）」と呼んだり，「式」と呼んだりして，諸外国語の声調と区別する．

代表地点として，京都アクセント体系の例を示す．1〜4 拍の名詞で，核の有無（高起式は H，低起式は L）と語頭から数えた下がり目の位置によるアクセント型を付す．1 拍語はやや長めに発音されることが多い（中井 (2012) による）．

		1 拍語	2 拍語	3 拍語	4 拍語
高起式無核型	H0	トーが（戸）	ミズが	コドモが	アメリカが
有核型	H1	ハーが（歯）	ヤマが	イノチが	コスモスが
〃	H2			キミラが	キミタチが

図 2.34 日本およびその周辺のアクセント分布（早田 (1999)）

				アヤベシが（綾部市）
〃 H3				
低起式無核型 L0	メーが（目）	フネが	スズメが	オハナシが
有核型 L2		サルが	ハタケが	タチバナが
〃 L3				サンサロが（三叉路）

　低起式有核型 L1 にあたる語形はなく，また語末にアクセント核がある型も 2 拍語以外にはないため，型の数は 1 拍語には 3 つ，2 拍語には 4 つ，3 拍語以上に n 拍につき 2n−1 の型があることがわかる．

　2 拍語の低起式有核型 L2 のタイプの語（猿，雨，鍋，春など）では，単独で言い切る場合，その後末拍に「拍内下降」という，高から低への急激な下降が現れる．拍内下降は若年層では衰退しつつある．

　図 2.34 に示されるように，アクセントと声調の区別の分布は，近隣諸国の言語と重なる面がある．日本語諸方言だけでなく近隣諸国の言語も視野に入れ，中国語や韓国語につながる声調と，ロシア語につながる核と，2 つの要素から，日本語のアクセントの成立を考えるという提案もなされている（早田 (1999)）．

d. N 型アクセント

(1) 2 型アクセント　　2 型アクセントでは，語句が長くなっても型の種類が 2 つのみである．アクセント型の区別にアクセント核という位置情報は関与せず，語句全体のピッチパターン（声調）がアクセント型を決める．

　分布域は長崎県，佐賀県，熊本県西部，鹿児島県といった九州西南部地域で，島嶼部も天草諸島（熊本県と一部鹿児島県），甑島，屋久島，種子島（以上鹿児島県），

琉球列島の各地が含まれる．具体的なピッチパターンは地域により違いがある．
　代表地点として，鹿児島方言の例を示す．鹿児島方言では，拍数や品詞にかかわらずA型とB型の2つのみ現れる．（木部（2012）より）
　　A型：　後ろから2番目が高く最後が下がる型
　　　名　詞　ハ（葉）・ア**メ**（飴）・オナ**ゴ**・カマ**ボ**コ・アバラ**ボ**ネ
　　　動　詞　**ナッ**（泣く）・ノ**ボッ**（登る）・ハ**タ**ラッ（働く）
　　　形容詞　**アッ**カ，**ア**ケ（赤い）
　　B型：　最後の1つだけが高い型
　　　名　詞　ハ（歯）・アメ（雨）・オト**コ**・アサガ**オ**・ノドボト**ケ**
　　　動　詞　モ**ッ**（持つ）・オヨ**ッ**（泳ぐ）・アツマ**ッ**（集まる）
　　　形容詞　シロ**カ**，シ**レ**（白い）・アタラシ**カ**，アタラ**シ**（新しい）

　鹿児島方言ではアクセントを数える単位，担う単位とも，拍ではなく音節であり，特殊拍は直前の音と一緒になって1つと数えられるため，「アッカ」の「アッ」が後ろから2番目，「オヨッ」の「ヨッ」が最後の1つとなる．

(2)　3型アクセント　3型アクセントでは，語句が長くなっても型の種類が3つのみである．2型アクセントと同様，アクセント型の区別にアクセント核という位置情報は関与せず，語句全体のピッチパターン（声調）がアクセント型を決める．2型アクセントと3型アクセントを合わせて人口比は5%前後である．

　分布域は，本土では島根県隠岐諸島のみ報告されているが，琉球列島では数多く報告されている．奄美諸島の沖永良部島，徳之島や，宮古島の多良間島などで，具体的なピッチパターンは地域により違いがある．

　代表地点として，島根県隠岐島五箇（ごか）方言の例を示す．五箇方言では，次の3つの型が現れる（松森（2012b）による）．
　3拍以上の名詞のアクセント型
　　A型：　1つのアクセント単位の中に2つのピッチの頂点が生じる
　　　　　ト**リ**が・ト**リ**から・ト**リ**からも・ト**リ**からまで
　　B型：　2拍目にピッチの頂点が生じる
　　　　　ヤ**マ**が・ヤ**マ**から・ヤ**マ**からも・ヤ**マ**からまで
　　C型：　常に1拍目にピッチの頂点が来る
　　　　　ネズミ・**ネ**ズミが・**ネ**ズミにも・**ネ**ズミからも

(3)　1型アクセント　1型アクセント[33]では，語の拍数や品詞の種類にかかわらず，アクセント単位を末尾音節のみ高い型で発音する．そのため「尾高（おだか）1型アクセント」ともいう．型が1つのみなので，弁別機能はもたないアクセントとい

---

33) 「いっけい」「いちけい」の呼び方がある．

える．

　分布域は狭く，宮崎県都城市，小林市，鹿児島県志布志市，曽於市に分布する．この地域の西側は鹿児島2型アクセントが分布し，付属語アクセントや複合語アクセントに共通する部分が多いことからも，鹿児島2型アクセントが1型に統合されたものと考えられている．代表地点として，宮崎県都城方言の例を示す．

　　花：　ハナ・ハナが・ハナに・ハナには
　　鼻：　ハナ・ハナが・ハナに・ハナには
　　「雨が降ってきた」：　アメガ　フッテ　キタ

e. 無型アクセント

　アクセントの型がない，すなわち語のピッチパターンが一定しないもので，たとえば「雨が」が「アメが・アメが・アメが」のように，発話によってばらばらに現れる．

　分布域は，東北南部の山形内陸部，宮城県仙台市，福島県，連続して関東の栃木県，茨城県にかけての地域や，九州の佐賀県から熊本県，宮崎県にかけての比較的広い地域のほか，静岡県大井川上流地域，福井市，愛媛県大洲市，八丈島など，各地に点在する．1型・無型アクセントを合わせての集計で，人口比の10%強とされる．

　東北南部から北関東にかけての地域では，すべての単語を平らに発音する傾向が見られる．熊本では高く発音する位置が自由に動くといった特徴がある．

　無型アクセントと有型アクセントの境界地域（宮城県北部，山形県東北部，福井市，福岡市など）では，無型アクセントに似たゆれが観察され，このようなアクセントを「曖昧アクセント」と呼ぶことがある．無型および曖昧アクセントでは，ある拍または音節での急激な高低変化が少なく，だんだんと緩やかにピッチが変化することが多いため，両者の区別が難しいことがある．

　代表地点として，栃木県のアクセントの状況を述べる．県内の地域差は以下のようになる（森下（2004）による）．

　　下げ核アクセント（東京式アクセント）：　足利市と佐野市北部
　　曖昧アクセント：　佐野市南部
　　無型アクセント：　上記以外の地域

　曖昧アクセント地域では，東京式アクセントに近い場所ほど曖昧の程度が低く，平板型と尾高型が混在しても，発話や内省を繰り返すと東京式アクセントになることが見られる．宇都宮市を中心に県内のほとんどが無型アクセントのため，ア

クセントによる語の弁別は機能しないが，若年層の中には東京式アクセントの型知覚を持つ者が増えており，その原因の究明と結果が待たれる．

f. アクセント音声資料の紹介

　以上述べた方言アクセントについては，実例を聴くことで理解が助けられる．実際に聴くことができる音声資料として2.5.1項で示したものは，音声とともにアクセントも聴くことができるので同様だが，特にアクセント分析用に作成されたものを以下にあげる．

- 『CD-ROM版　NHK日本語発音アクセント辞典』(NHK放送文化研究所編，2002年，日本放送出版協会)
- 『京阪系アクセント辞典』付属CD（中井幸比古編著，2002年，勉誠出版）
- 『種子島方言辞典』付属CD（植村雄太朗編，2001年，武蔵野書院）

第3章 音　韻　史

3.1　音韻の変容——音韻史通覧

　日本語の音韻の変遷について，巨視的に見ると以下のような傾向がある．
(1)　音節の構造　　基本的にCV, Vのみの単純な構造であったものが，CV, V, CVC, CVV, CVR, CVN, CVQ, CjVと多様化していった[1]．1語（1形態）あたりの音節数（活用語ではその語幹）は，基本的に，1音節語・2音節語であったものが，合成や派生によって多音節化した．

　母音は古い/a, i, u, o/の4母音体系から，/e/が他の母音の融合によって形成され，現在の5母音体系となった[2]．子音は，全体を大局的に取るなら，接近音的性質，特に唇音性の側面を弱化させてきた[3]．濁音はその前鼻音性を消失した，と把握できる．

　音節はシラビーム構造からからモーラ構造に変化したとされる[4]．

(2)　語種と音　　和語（ないし口頭語）では，古代における固有語（和語）の特性が保持ないし名残として残存する傾向が強い．たとえば，下記のようなものである．

　① 和語では今も語頭にはラ行音がほとんど立たない．（語頭にくる例は女性の名前などに見られる．）
　② 語頭濁音には（特に清濁対語では顕著に）意味的マイナス傾向がある．
　③ 母音連接は(特に口頭語で)脱落ないし融合しやすい．(見ている＞見てる)
　④ 一部の方言を除きシラビーム的傾向が色濃く残る．

　漢字音，ついで英語の発音など，外来語の音声を積極的に体系の中に取り込ん

---

1) CjVを別とすればCCV～はない．なお，C：子音，V：母音，R：長音，N：撥音，Q：促音，Cj：拗音．
2) 上代特殊仮名遣いのオ段甲乙は，唇音性の有無による変異音という見方があるが解釈は分かれる．
3) 接近音 w のワ行ア段 wa 以外での消失，ヤ行 [je] の消失 (j＝接近音)，φ音の消失（フ [Φu] 以外），合拗音の消失 (kw-, gw-) などに共通した傾向が読み取れる．
4) シラビーム構造とみた場合，先の音節の構造の解釈との整合性は課題である．

できている[5]．その影響で現代語においても従来の和語の音韻体系にも，シ［ʃi］の［si］化，フ［ɸu］の［hu］化などのかたちで影響が現れるようになった．
(3) アクセント　アクセントは高低アクセントであり，その機能が，「語の区別に役立つメキシコ型アクセント」から，「1語の区切り・まとまりを示すギリシャ型アクセント」へと変化した．

3.2 音の歴史的変化

3.2.1 上代（奈良時代）
a. 概観
　上代の日本語の音の主要な特徴は以下のようである．他の時代に比べ，資料，文字，音韻規則などの上で特徴的現象が多いので，それらについては後述する．
(1) 音節の特徴　上代の日本語は，CV ないし V のみの単純な音節構造，1 ないし 2 音節からなる単位（語形）が基本構造（活用語はその語幹部分）であった．また，音節はより古くはシラビーム構造と推定されている．その後のモーラ構造化の要因は未詳である（仮名表記が要因か，その仮名表記選択の背景には当該地域音の特性が投影されているとも考えられる）．
(2) 仮名遣いと音声　上代特殊仮名遣「キヒミ，ケヘメ，コソトノ（モ）ヨロ」の各清濁に2種類の音声があった．モの区別が『古事記』のみに見られる．「コ」の区別のみは中古まで清濁共に残っている．
(3) 音配列の特徴　母音連接が生じない傾向が強い（母音連接忌避）．そのため語中に母音単独音節が現れない（語頭のみ）．母音連接になる語連接（複合等）の場合，母音脱落・母音融合・子音挿入が行われた．
　固有語（和語）では語頭にはラ行音・濁音は立たず，その名残は現代語にも残っている．
　音韻結合には一定の傾向（「有坂・池上法則」）がある．また，2音節語には同じ母音による語が少なくない（ヤマ（山），キリ（霧），オト（音）など）．
(4) 特殊音素・母音連接　撥音・促音・拗音・長音・二重母音・子音連接はなかったとされる．母音の長短の対立の有無は説が分かれる．より古くは二重母音が許容された段階が推定される．
(5) 母音・子音　一部の子音には，以下のような特徴がある．

---

5) ただし，かつて日本語に存在した音素の取り入れは速いが，存在していない音素（例，［v］［f］［ð］［θ］など）の受け入れは今なお遅い，という傾向がある．

[ハ行子音] 古くは [p-] であり，上代は [p-] ないし [ɸ-].

[タ行・ダ行子音] [t-]・["d-] である．チ [ti]，ツ [tu]，ヂ ["di]，ヅ ["du] が中世後半まで続く．

[サ行音] 諸説あるが，摩擦音〜破擦音まで幅があったか．

[濁音] 前鼻音が付随する．

そのほか，カ行の清音濁音子音，また，ナ行，マ行，ヤ行，ラ行，ワ行の子音は今日と同じと考えられている．

(6) **外来語音** 漢語とともに漢字音が受容される．『万葉集』にも「双六(スゴロク)」「餓鬼(ガキ)」などの漢語が詠まれる．中国語起源の「馬」「梅」などはかなり早くから日本語化していたと考えられるが，「礼(レイ)」「力士(リキジ)」「菊(キク)」などは外来語として意識されるような音であった．

(7) **アクセント** 『日本書紀』の万葉仮名の漢字の用法からは，平安時代とほぼ同様であったとされる．『古事記』の神名などにアクセント注記がある．

b. 上代特殊仮名遣い

上代では，中国から取り入れた漢字のみで表記され，仮名は未成立であったが，漢字を今日の仮名のように使用する「万葉仮名」を用いて和語（固有語）を表記していた．たとえば，『万葉集』では，「恋」と「心」という語は次のように表記されていた．

　　恋： 古比・古非・古飛・故非・故飛・孤悲

　　心： 己己呂・許許呂・己許呂

このうちコという音は現在は [ko] という音声しかない．しかし，万葉仮名の用法をすべて検討してみると，「恋」では「古，故，孤」，一方，「心」では「己，許」のように，コとして使用される漢字が異なり，かつ，入れ替わることがなく截然と分かれている．コを含む他の語の使い分けにも同様の区別が見られる．

　　恋のコと同類の語彙： 子・男・駒(こま)・越(こし)・都・籠

　　心のコと同類の語彙： 声・言(こと)・衣・事(こと)・腰・琴・この（指示詞）・こそ

それらに共通する万葉仮名を整理してみると，次ような2類に分類される．

　　恋群に使用される漢字：古・故・姑・孤・固・胡・顧・庫・弧……甲類

　　心群に使用される漢字：許・虚・挙・去・己・居・巨・拠・渠・興……乙類

このような使い分けは，キヒミ，ケヘメ，コソトノ（モ）ヨロとその清濁に及んでいた．橋本進吉（1917）はこれを上代特殊仮名遣いと名付け「甲類・乙類」

と呼び分けた[6]．このような万葉仮名の使い分けは，近世に本居宣長が『古事記伝』(1798) で触れ，弟子の石塚龍麿が『仮名遣奥山路』(1798 序) で検証していた．橋本はこれを近代的言語学のもとで改めて解明した．これには何らかの発音の問題も投影していると解釈された．上代特殊仮名遣いのいわば再発見は，音声だけの問題にとどまらず，資料の年代判定や，文法，語彙，語源，近隣言語との比較研究など広い分野に影響を及ぼし，日本語史の研究を大きく展開させることとなった．

上代特殊仮名遣いのうち，モの区別は『古事記』や『万葉集』の山上憶良などの歌では書き分けが認められ，まだ一部には区別が残っていたと解釈されている．ホについても区別が認められるとする解釈もある（馬淵 (1958)，犬飼 (1978)）．

解説上の甲乙の書き分けは，便宜的に，乙類を母音の上部に［¨］を付すことで示す方法，番号で「き 1，き 2」と示す方法，左右あるいは上下の傍線で甲乙を「き，き」と書き分ける方法など，種々の記載法が取られている．

これらの音が具体的にどのようであったかは，使用された音仮名について，当時の中国語音や，後世の日本語音との連続性などを考慮して推定される．母音のア・ウについては今日と同じであるが，甲乙の音声上の相違については，諸説ある．有坂 (1955) は，次のように解釈した（甲類は現代語に同じ）．

イ段：　甲類［-i］　　乙類［-ïi］
エ段：　甲類［-e］　　乙類［-ǝe］または［-ǝi］
オ段：　甲類［-o］　　乙類［-ö］

現在，いずれも母音の相違と解釈する有坂説のほか，イ段とエ段は子音の相違（口蓋化の有無とみるなど）とする解釈，オ段については母音の相違（唇音性の有無）などを考慮する説が有力である．

c. 活用形態と母音

甲乙の区別は活用形態にも及んでいた．動詞の例を表 3.1 に示す．

d. 音節の配列構造（語音構造）

基本的音節構造は，母音 (V)，または，子音 + 母音 (CV) という単純な音節 (V, CV) であった（開音節構造）．後代のような撥音，促音，拗音，長音はない[7]とされる．1 音節語か 2 音節語がほとんどである（活用語の場合はその語幹部分が対象）．3 音節語には，複合語と解釈できるもの，複合して成立したことを推定

---

6) 資料に現れた文字の書き分けとして「上代特殊仮名遣い」と呼んでいる．
7) CCV, CVC, CVV の音節がない．なお，和歌・歌謡が中心であるという資料的制約による面も残る．

表 3.1 動詞の活用と甲・乙の発音の区別

	四段	上一段	上二段	下二段	カ行変格	サ行変格	ナ行変格	ラ行変格
語例	行・く	着・る	起・く	受・く	来	す	去・ぬ	あ・り
語幹	ゆ		お	う			い	あ
未然	か	き甲	き乙	け乙	こ乙	せ	な	ら
連用	き甲	き甲	き乙	け乙	き甲	し	に	り
終止	く	き甲・る	く	く	く	す	ぬ	り
連体	く	き甲・る	くる	くる	く・る	す・る	ぬる	る
已然	け乙	き甲・れ	くれ	くれ	く・れ	す・れ	ぬれ	れ
命令	け甲	き甲(・よ乙)	き乙(よ乙)	け乙(よ乙)	こ乙	せ(・よ乙)	ね	れ

四段・上一段活用・上二段活用・下二段活用はカ行の活用の語例で示した.

させる動植物語,語中・語尾にラ行音を含む語(合成語であることを推定させる語)が少なくないので,1音節,2音節が固有日本語の基本音節構造であったと考えられる.

母音音節は語頭以外(語中・語尾)には来ず,ラ行音・濁音は語頭には現れないという制約(頭音制約)があった.現代語にもその名残りが見られる.たとえば,語中の母音音節は縮約することが多く(読んでいる→読んでる),ラ行で始まる和語は現在もほぼなく(日本固有の女性名に見られる),語頭が濁音で始まる場合には本来の固有の音声でなかったこともあって,特に清音語形に対してマイナスの語感が付加される(果てる−ばてる,擦れる−ずれる,トロトロ−ドロドロ,ボケ,ブスなど).

語頭に現れないラ行音であるが,アリ・ヲリ,ケリ・タリなど,主要な動詞・助動詞の活用語尾には多用され,また,たとえば3音節名詞にはラ行音を接尾辞的要素としてもつものが多く(「ハシラ(柱)＜端＋ラ」「ユカリ(縁)＜ユカ(シ)＋リ」「ミドリ(新芽)＜ミド(瑞)(ミヅ−ミヅ−シ)＋リ」),むしろ何らかの意味で語尾(語中)音を示す機能を担っていたとも考えられる[8].なお,語頭濁音の制約はオノマトペには当てはまらなかった(「鼻毗之毗之尓」『万葉集』).また,漢語では,「力士舞」「礼」「檀越」(『万葉集』)など語頭のラ行音,濁音の例があるがこれらは和語ではなく外来語である.

撥音・促音・拗音は,まだ音韻としては成立していなかった.漢字音の三内鼻音(唇内韻尾 [m],舌内韻尾 [n],喉内 [ŋ])および,入声音も,「男信ナマシナ」

---

[8] そのことが語頭との相補分布を生み出しているとすれば,濁音についても同様である可能性がある.

「印南イナミ」「相模サガミ」「越乞オチコチ」などのいわゆる「二合仮名」と呼ばれる2文字での表記例からみて，いずれも母音が添加され，m, n, ŋ, t だけでは存在しなかったと考えられている．

e. 母音連接忌避と母音脱落・母音融合・子音挿入

語中・語尾における母音連接(hiatus)は忌避された．特に複合や語の連続の時に，後項の第一音節が母音である場合には，母音連接を回避するために，前項末の音，後項最初の音，あるいは，両方が変化する現象が頻繁に生じた（用例は『万葉集』より）．

① 母音脱落（一方の母音を脱落させる）

　ア　前項語末母音の脱落：　荒(あら)＋磯(いそ)→アリソ（安里蘇），荒(あら)＋海(うみ)→アルミ（安流美）

　イ　後項最初の母音が脱落：　我(わが)＋家(いへ)→ワガヘ（和何弊）

② 音融合（2つの母音が融合して別の1つの母音になる）

　ア　i+a→e甲：　咲き＋あり→サケリ（佐介利）

　イ　a+i→e乙：　長(なが)＋息(いき)→ナゲキ（嘆）

　ウ　o乙+i→i乙：　〜と＋言ふ→チフ（知布）

③ 音挿入（2つの母音の間に子音が現れる）

春雨(ハルアメ)（アメとサメ）・御稲(ミシネ)（見之祢，イネとシネ）[9]

②の例ア・イの母音融合（i+a→e甲，a+i→e乙）は，日本語の母音エ（甲・乙）が二重母音の融合によって発生した可能性を示唆しており，エ段甲乙をもつ単語の少なさ（出現頻度の低さ）などから，エ（甲乙）母音は，他の四母音に遅れて後で形成されたと考えられている．

なお，母音連接忌避の例外として，すでに上代にて一部の語（ないし一部の地域）では下記のようなイ音便，ウ音便が生じていた．

加伊（櫂，「掻き」の音便とする場合）・麻宇気（受）（設けず）・麻宇佐（申さ）・宇宇流（植うる）・久伊（悔い）．

また，現代語にも残る次のような対応がある．前者は露出形，後者は被覆形，という．

アメ乙ーアマ〜（雨傘），サケ乙ーサカ〜（酒蔵），テーター〜（タヅナ（手綱）），ヒ乙ーホ〜（炎＝火の尾），（カナ（金），ウハ（上），カザ（風），カム（神），コ（木）

---

9) s音挿入説のほか，s形が祖語形でs音脱落説，語頭母音の前の祖語子音（[ʰV]）の異音説（安部（2013））がある．

など）

　これらは，「被覆形+*i（名詞化するための形態素）」によって「露出形」が形成されたもので，被覆形であるアマ（雨），サカ（酒）などの方が元の古形である．このような，交替形がある語とない語との相違（古形のサカ（酒と坂），古形のコ（木と子・粉），など）については，何らかの新旧を表すとも解されるが未詳である．

f. 音節結合の法則

　上代における音節の結合には，母音の共存に関して，形態的最小単位（同一結合単位（語幹・語根）ともいう）内における次の3つの結合制限傾向が明かにされている（「有坂・池上法則」，有坂秀世・池上禎造）．以下に有坂の解釈を示す．

① 第一則　甲類のオ列音と乙類のオ列音とは同一語根（動詞は語幹）内に共存することが無い．

② 第二則　乙類のオ列音はウ列音と同一語根（動詞は語幹）内に共存することが少ない．（例外，保等登伎須（ホトトギス）（時鳥））

③ 第三則　乙類のオ列音はア列音と同一語根（動詞は語幹）内に共存することが少ない．（例外，登我（トガ）（咎））

　この発表後は，ある種の「母音調和」を示す可能性があるとも解釈され，アルタイ語の特徴との共通性が議論された．しかし，第二則，第三則は例外もあって，傾向という程度とも見られるため，今日では母音調和とは解釈されていない．第一則はオ段甲・乙における何らかの相補的出現条件（たとえば，オ段甲乙の異音関係）を示すとも見られる．

3.2.2　中古（平安時代）

(1)　音節の種類　　上代特殊仮名遣いの甲乙は中古初期にはコの甲乙以外は消滅した．コ甲乙のみ9世紀半ば頃まで区別を保持した（『金光明最勝王経』古点，『東大寺諷誦文稿』『新撰字鏡』など）．その消滅により5母音体系が確立した．

(2)　音配列の特徴　　二重母音が許容され，連動して母音連接忌避の傾向は弱まる．漢字音の浸透や「ダス＜イダス（出）」「ダク＜イダク（抱）」などで語頭濁音語が和語にも現れる．

　上代には原則CV構造であったが，平安時代になり主に漢字音の影響で音便が発達し，CVV，CVCのような音節（重音節）が浸透していく．

　上代に一部に見られたイ音便・ウ音便の拡大は，回避されていた語中での母音連接を許容する方向へ向かわせる契機となった．CVi音節であるイ音便は，キ・

ギから変化したものがまず現れ（訓点資料の「ツイテ（次）」や「ツイタチ（月立の意）」など），シから変化したもの（「クタイテ（下）」「マイテ」など）がやや遅れて現れた．CVu 音節であるウ音便は，漢字音ではク・グ・キ・ガから変化したもの（「カウハシ（馥）」など），次いでヒ・フから変化したもの（「イモウト（妹）」など）が現れる．

撥音便は m 音便と n 音便が区別されていた．たとえば，『土佐日記』には「摘むだる菜」「しヽこ（死んじ子＜死にし子）」のように仮名の書き分けがある．

促音便は，後続の音がカ・サ・タ・ハ行のときに，イ段のキ・チ・リ・ヒ音が変化するものであるが，中古での例では後続音が舌音（タ・テ・ス）に多いなど多少の偏りがある．促音便は古くは表記されず（無表記），やがてム・ンなどでの表記が現れるようになり，今日のようなツでの表記は 11 世紀末から現れるが，広がるのは鎌倉以降に降ってからと考えられる．

(3) 特殊音素・母音連接　撥音，促音，二重母音が発生する．（撥音は /M/（m 音便）と /N/（n 音便）の 2 種，促音/Q/，二重母音/CVi/・/CVu/で表記する）．

濁子音は，キリシタン資料などから見て，上代から中世末まで前鼻音を伴ったと推定される（[-ⁿd][-ⁿz][-ŋ][-ᵐb]）．現代方言にも，東北方言音での糸 [ido] と井戸 [iⁿdo] の相違などに，その名残が留められている．

長音について，通説では古代には長短の対立は存在しなかったと解釈されているが，いつどのようなプロセスで長音が確立し長短の対立が成立したかが課題になる．イ音便・ウ音便は今日の形からすると CVR 音節（R は長母音，「引き音」とも）のようにも見えるが，CVi, CVu の一種で CVR の成立とは必ずしもみなせない．長母音の確実な成立は中世末以降のオ段長音の開合の合流以後と考えるのが一般的である．

拗音は固有語には存在しておらず，漢字音語も，和文（仮名）の表記では直音化させて受容されていた（けうそく（脇息）・さうじ（障子）・せうそく（消息）・けさう（化粧））．漢語の一般化とともに漢字音も徐々に受け入れられ，開拗音（キャ，キュ，キョ類），合拗音（kw-，クヮ，クヰ，クェ類）も受容された．和語への浸透と一般化は次の中世以降徐々に進んだ．一方，和文体で拗音が直音表記をとる例が特にサ行で多く現れているが（上記例），それはサ行の清濁子音が [ʃ][ʒ] であったため（少なくともそれを異音として含んだため），ほかの拗音よりこの表記で受け入れやすかった（音声が近かった）ためとも考えられる．

(4) 母音　中古以降，母音エとオは各々，半母音とも呼ばれる接近音ヤ行 [j]

の「江」[je], ワ行 w のヲ [wo] との間で, 音声が近いために混乱を生じ, それぞれ後者の [je], [wo] に合流していく. 合流先が o, e ではなく [je], [wo] であった理由は必ずしも明確でない. 上代に語中・語尾には単独母音が立たなかった前代の名残（影響）で, 特にこれら非狭母音（e, o）では子音がある方が安定した音節として選択された, などの事情が考慮される.

ア行 [e] とヤ行 [je] は 10 世紀半ば頃までは区別があり（『源順集』「あめつち」の歌に「え」の音が二度ある, など), およそ天暦年間 (947-57) を境に区別を失った. 「たゐにの歌」（源為憲『口遊び』(970)), 「いろは歌」（『金光明最勝王経音義』(1079)) は区別を失った後の 47 音節で書かれている.

ワ行のヲ [wo] とア行の [o] との混同は, 平安時代早い時期からの仮名の混同によって推定され, 後代のキリシタン資料から見て [wo] へ統合されたと解釈される.

なお, ア行エ [e] とオ [o] は語頭にしか本来現れなかったので, 上記 2 つの統合現象は語頭位置のみでの問題であるが, 一方, [je] となったア行エは次には語中語尾でワ行の [we] との混乱を生み出していく. また, 語中語尾でワ行の [wi] の方が w を弱めて [i] と接近するので, ワ行のヰとア行のイとの混同も生じていく. 語頭位置でこれらの仮名遣いが混乱するのは鎌倉時代以降とされ, その後, それぞれイ [i], エ [je] に統合されていく.

(5) 子音

[ハ行子音] 語頭の場合, 古く [p-] であったものが [ɸ-] に変化するが（後代にさらに [h-]), いつごろ [ɸ-] となったかは諸説あり, 確実といえる資料はない[10].「ハ行転呼音」（後述）が一般化した時期を 1 つの目安として推定すると少なくとも 11 世紀初めには摩擦化 [ɸ] していたと考えられる. 中世にはキリシタン資料で f で表記されていることなどから, 室町末期もまだ [ɸ] と解釈され [h] になるのは近世中期以降とされる.

[ハ行転呼音] 語中語尾の場合, 現代語の和語の単純語の語中語尾には, 古典語「かは（川), かほ（顔), うへ（上), こひ（恋)」などにあったような, ハ行の音がほとんど現れない. これは語中語尾のハ行音がワ行化した「ハ行転呼音」という現象による[11]. 両唇摩擦音 [ɸ] が前後の母音の有声の影響で有声化しつつ, 調音も緩んで摩擦を弱めて接近音 w に近づいていったものである（後に wa 以

---

10) 円仁『在唐記』から ɸ とする説が一般的であるが, 異なる解釈も可能である.
11) さらにそれが後代にワを残して母音イウエオになった. カワ, カオ, ウエ, コイ.

外はア行化する)．これは語中語尾でのワ行との混乱例が増加する 11 世紀には広く進行したことがわかる[12]．「母」という語も一度「ハァ」ともなったが文字の支えにより［haha］が維持された（「頰」も同様）．なお，オノマトペでは p 音が存在し続けていたと考えられる（「ポタポタ」「ボタボタ」などの対ほか）．問題となるのは，現代語で促音・撥音の後で現れる［pp］が，いったん［ɸɸ］を経て［pp］の閉鎖へ移行したのか，［pp］を維持し続けてきたのかだが，詳細は未詳である．

　　[サ行・ザ行]　サ行子音の変遷は定説が確立していない．母音の段による相違も指摘されている．古代から中世までは，摩擦音の［s］［ʃ］のほか破擦音［ts］も異音の範囲であった可能性が高いと推定されている[13]．解釈が難しい背景には，段による実際の相違のほか，摩擦音・破擦音の子音の幅[14]，資料（記載者）の背景にある方言による相違など，諸要因が複雑に絡んでいることがある．なお，エ段のセは，室町時代の東日本では，キリシタン資料（xe で記載）からは現代語に近い［se］の方に近づいていたかと考えられており，［ʃe］であった西日本がいつごろからそのような現代語へ近づいていったかが問題になる．

　　[タ行・ダ行子音]　上代と同じで各段とも［t-］［ⁿd-］，四つ仮名はチ［ti］，ツ［tu］，ヂ［ⁿdi］，ヅ［ⁿdu］であった．

(6)　外来語音　　漢語の増加に伴い漢字音が浸透し，和語の音声特徴を徐々に崩し始める．語頭濁音も「具す」「実(ジチ)」のように漢語からまず受け入れられ日本語の音を変えていく．その影響は語頭ラ行音，開拗音・合拗音，閉音節（子音終り）などに及ぶ．合拗音［kw-, gw-］（火事［kwa〜］）も受容される．

(7)　アクセント（京都のアクセント体系）　　現在諸方言よりも種類が多様で複雑であった．助詞・助動詞の一部にも独自のアクセントがあった，上昇調・下降調があった，などである．複合語形でも元のそれぞれの語のアクセントを保持した．藤原定家の資料や『色葉字類抄』で「を」を上声，「お」は平声に書き分けが行われた．

3.2.3　中世前期（鎌倉時代）

(1)　音節の種類　　「アヤワ三行」のイ段・エ段の統合が完了し，現代の体系と同じになる．音価は語頭においてはイ［i］とヰ［wi］は［i］に，エ［je］とヱ［we］

---

12) 古例は上代．平安期はすでに［ɸ-］音．
13) 『日本書紀』α 群，『日本大文典』，現代高知方言ほかによる総合的解釈．
14) 調音点の微妙な相違が最も大きい子音とも言われる．

は［je］に合流．オ・ヲは［wo］のままで近世前期まで継続する．

(2) 音配列の特徴　二重母音/CVu/を避けて長母音化する傾向が見えはじめる．濁音で始まる和語が増える．

(3) 特殊音素・母音連接　2種の撥音便 m・n の区別は減少し，やがて「ん」(n)に統合される．

音便が多くなる．ハ行四段ウ音便，バ・マ行四段では撥音便のほかウ音便もあり，ラ行四段・ラ行変格では撥音便と促音便とが認められる．

促音は，はじめ n 音便と共通の表記（無表記ないしレ表記）が多かったものが次第にツ表記に集約していく．右小書きも一部に現れる．

また，/-eu/ と /-jou/ の合流が進行する．

(4) 母音　語頭ではイとヰが［i］に，エとヱは［je］に統合され，オ・ヲの［wo］と合わせア行全体は［a, i, u, je, wo］となる．

(5) 子音　ハ行子音＝［ɸ］と推定される．ハ行転呼音も一般化し，今日 haha に回帰した「母」すら「はわ」で現れるようになる．四つ仮名（ジとヂ，ズとヅ）の混乱例が出はじめる[15]．

濁音は語頭では語頭の狭母音の脱落による事例が現れている（イダク＞抱く）．

p 音はオノマトペには残存か，促音の後には p 音が現れていたと考えられる．

(6) 外来語音（漢字音語）　合拗音 kw-, gw- のクヰ・クヱが消滅，クヮとカの混同が見られる（クヮは近世まで，方言では昭和まで残る）．漢字音でも m 韻尾と n 韻尾の区別「信心シンジム」など）が消滅し，ŋ 韻尾は鼻音性を失う．

(7) アクセント　助詞・助動詞も独自のアクセントを失い自立語と結合したアクセントとなる．語頭・語末にあった上昇調・下降調がほぼ消滅し各々高平化する．低平型が消滅し高平型との対立が解消する，などの変化が生じる．

3.2.4　中世後期（室町時代）

(1) 音節の種類　モーラ組織が現代語に近づく．開拗音が定着し合拗音が限定的になり，近代語体系に移行する．開拗音化（「デア＞ヂャ」類）も浸透し，拗音を含む和語の数が増加した．

(2) 音配列の特徴　二重母音/CVu/が長母音化する傾向が顕著になる．連声現象が顕音になる．音節末子音（-m, -n, -t）に，直接ア行・ヤ行・ワ行音が接

---

15)　t・d の破擦音化か．

するのを避けるために初め漢語で生じたが，やがて助詞が接続した事例にも拡大し，「今日は＝Connitta」「大切は＝Taixetta」などがある．近世には衰退して語彙的に「天皇(てんのう)」「三位(さんみ)」「観音(くわんのん)」「屈惑(くったく)＞屈託」「雪隠(せっちん)」などに残った．

(3) 特殊音素・母音連接　/-au/は［ɔː］，/-ou/は［oː］へと変化する．母音連接における接近音 j の介在現象＝主として「合う」「ある」などがイ段音・エ段音に接続する場合にヤ行に変化する現象（今日のアジア＞アジヤなどの古い事例）が確認できる（「お添えやらぬ」『天草本伊曽保物語』や「抄物資料」）．

この時期は濁音での言い方が多かったとされる．漢語でも「洗濯(せんだく)」「強盗(がうだう)」など後代では濁音でない語が連濁している．ロドリゲスもそのような傾向を「う・むの下濁る」（ウ，ム，ンの後，『日本大文典』）と記するが，連濁しない事例もあることに触れている．和語でも長音に続く「と・とも・て」などが連濁する場合も見られる（「雨必スフラウド云ゾ」『周易抄』一）．

(4) 長音

［ウ段長音］　2類あり，1つはウ段音にウが続いた場合（「食ふ」，キリシタン資料では「Cuu」と表記）には現代語と同じウの長音，もう1つはイ段音にウが続く場合（「宮中(きうちう)」，「Qiǔchǔ」）には現代語のように，キュウと拗長音になった[16]．

［オ段長音の開合］　オ段長音には開音・合音という2つの音が成立した．それぞれの具体的音価には諸説があるが，一般に開音は［ɔː］，合音は［oː］と推定されている．開音は「ひらく」「ひろがる」とも表現されるが，ア段音にウが続く場合に［au］から［ɔː］に変化して成立したもので，和語では「ならふた（習うた）」「あかう（赤う）」，漢字音では「好物(かうぶつ)」のようなものである．キリシタン資料では表記が区別され，開音は ô，合音は ô と書き分けられている．合音は「すばる」「すぼる」とも表現され，［oː］に至る過程には3種類がある．1つには［ou］からの変化である（「僧(ソウ)」，「カコウ(かこ)＜囲ふ」などで漢語和語ともある）．2つには和語でのオ段音にオ（歴史的仮名遣いでのホ）が続く語から変化したものである（「オオヤケ＜公(オホヤケ)」「オオキイ＜大(おほ)きい」）．3つ目は元のエ段音にウ（ないし歴史的仮名遣いではフもある）が続くものが，合拗長音［Cjoː］（例，［kjoː］）ないし［joː］として変化したものである[17]．この2つの長音の混乱はその表記の混同から推定でき，混同の傾向は古文書では15世紀からすでにあり，室町末期には相当強く混

---

16)　資料によっては，キ・ウのように「割って」発音され，長音になっていないこともあった．
17)　エウ＞ヨウ（「肝要(カンエウ)＞カンヨウ」）以外は合拗長音［Cjoː］で現れる．たとえば，「キョウ＜今日(けふ)」「チョウチョウ＜喋喋(てふてふ)」「チョウテイ＜朝廷(テウテイ)」等．

乱して近世には［oː］に統合されていく．

(5) **促音・撥音**　音韻として確立し表記も安定した．

(6) **母音**　母音は室町後半のキリシタン資料のアルファベット表記によって音価をかなり正確に知ることができる．日本語の音価が詳しくわかるのは，万葉仮名がある上代以来である．ロドリゲス『日本大文典』の Goin（五音）には，ア行は A I V Ye Vo, Ya Y Yu Ye Yo, Va Y V Ye Vo とある．ほかの外国資料などからも，前代に続きア行・ヤ行のエ，ワ行のヱは［je］に統合され，ア行のオ，ワ行のヲは［wo］の方に統一されている．ただ，オはキリシタン写本や『伊路波』（o に相当する諺文表記）などには［o］の表記も現れ，唇音性を失いつつあったことがわかる．

(7) **子音**

　［**サ行・ザ行子音**］　セ・ゼはキリシタン資料からは［ʃe］［ʒe］と解釈され，それ以外の子音は現代語と同じだったと考えられる．

　［**タ行・ダ行子音**］　四つ仮名では，チ・ヂ・ツ・ヅが破擦音化して［tʃi］［ⁿdʒi］［tsu］［ⁿdzu］となり混乱が進行する．

　［**ハ行子音**］　ハ行子音はキリシタン資料では f で表記されており，当時のポルトガルの発音と表記，日本のハ行子音の前後の時代の推移，『なぞだて』ほかの資料から［ɸ］と解釈されている（［f］ではない）．「母には二たびあひなれども父には一度もあはず　くちびる」（『後奈良院御撰何曽』（なぞだて）），「はの字はくちびるにてうき⌒といふべきを」（『五音三曲集』，金春禅竹）とある．「母」はハ行転呼音により一時「はあ」のような音にもなっていた．なお，中世末には，中国資料の漢字表記や朝鮮資料のハングルなどから，一部にはすでに［h］（フ以外）に移行しつつあったともされている．p 音は漢語，オノマトペや一定の音環境では現れている．

　合拗音のクヮ・グヮの直音化傾向が強くなる．

(8) **濁音の前鼻音**　ロドリゲスの記述からは，ガ行・ダ行の前，まれにバ行でも，鼻音が伴ったことがうかがえる（「Māndzu（先ず）」「Nangasaki（長崎）」などが見られるが鼻音性は弱かった）．一方，ザ行の鼻音には言及がなく，消失していたと推定される．

(9) **外来語音**　漢字音の入声音は，まだかなり［-t］（別ベチ，月ゲチ）で残っており，「仏＝But, Butſu」．のように，開音節化したツと両方見られるもの，「別＝Bet, Betsi」のように開音節化したチとの両方が見られるものもある．世阿弥の

自筆本に「ゲダッ（解脱）」のように，入声音を促音のように小書きにした事例
がある．連声が，語末 m, n 以外のタ行にあるのはこの入声音がまだあったため
である．
　開拗音が定着（シュ・ジュは遅れる．たとえば現代語「手術シジュツ」），合拗
音のア段クヮは保持される．
(10) アクセント　語頭音節の高低に関する法則（式保存の法則[18]）が一部崩
れ始める．

3.2.5 近世（江戸時代）

　江戸語の音韻は，前期の上方語の背景にある京都・大阪（関西）方言の音声と，
後期江戸語の背景にある江戸（関東）方言の音声とがかなり異なっていたことも
あり，前期と後期で様相を大きく異にする．この期間内の変遷の詳細は資料的な
制約が多きいため，なお未詳の部分が多い．中世までと異なる部分を中心に記載
しておく．
(1) 音節の種類　エ［je］が［e］，オ［wo］が［o］になる．セ［ʃe］が［se］，
ゼ［ʒe］が［ze］になる（江戸語が上方語より先行）．これらと四つ仮名の合流
によりほぼ現代語と同じ音韻体系になる．オ段の開合の区別ははこの時期には消
滅し［o:］に統合された[19]．
(2) 音配列の特徴　連母音の長音化が顕著になる/CVu/は/CVR/に，江戸語
では/CVi/も/CVR/化する傾向が強い．連声は衰退し語彙的に固定される．まず，
入声の［t］が［tsu］に開音節化した結果，入声音 t の連声が衰退した．n の連声
では，助詞「を」の例（心の申す（〜n＋o＞no）」）などは元禄頃の作品にも散見さ
れるもののしだいに衰退し，方言化する（九州「本の（ぬ）読む」「こんにゃ今夜」）．
(3) 特殊音素・母音連接　オ段開合の合一が進み，/-au/と/-ou/が合流して
/-oR/となる．二重母音の長音化はさらに浸透していく．ア段の長音は前代にも
現れているが，今期には助詞「は」「ば」に続いた場合の「いやあ（言えば）」「け
えらざぁ（帰らずは）」なども現れる．エ段の長音も現れ，［ei＞e:］（丁寧）のほ
か，後期江戸語では［ai, oi＞e:］（「てへげへ（大概）」，「ふてへ（太い）」），［ae＞e:］（「け
へる（帰る）」）などのエ段長音も頻繁に現れる．後には「映画」，「先生」など ei

---

18) 語源が同じならその派生語・複合語も始まりの高さが同じになるという法則．
19) その音や仮名遣いへの言及は『仮名遣近道抄』1626 年，『謡開合仮名遣』1701 年，『音曲玉淵集』
　　1727 年などに見られる．

では［eː］長音の方が標準語音になる（［ei］は方言として残る）．

(4) 母音　母音は室町記まで［je］［wo］だったエ・オが江戸半ばには［e］［o］になったと推定される．時期については，謡曲の発音法を説いた資料にエやオの発声の注意が目立つので，その18世紀前半頃には混乱が発生していたと考えられており（『音曲玉淵集』(1727)，『謳曲英華抄』(1771)），要因については地域差なども考慮されているが未詳である[20]．

母音［e］と［i］の交替は前代から続いて生じているが特に江戸では多い（「お前（まえ）」）．現在も主に北関東から東北にかけての方言に残るエ・イの混同傾向が背景にある．

現代東京語などに見られる母音の無声化（無声子音間や語末のi, u.「書キました」「クツした（靴下）」「～でス．」）が，いつ頃から生じたかは未詳である．コリャード『日本文典』(1932)には，語末の狭母音［-i, -u］の記載のないものがあり（「fitotts（一つ）」「gozar（ござる）」），すでに聞き取りにくかったことがわかる．

(5) 子音　濁音の前の鼻音は，近世初期までは残ったらしいが，いつ消失したか，上方と江戸とで時期的な相違があったかなどは未詳である．

［ザ行・ダ行（四つ仮名）］　四つ仮名はおよそ元禄期前後には消失したと考えられる．この仮名遣いを取り上げた書が多く残されておりその推移を知ることができる（『仮名遣近道抄』(1626)，『蜆縮涼鼓集』(1795)，『謡開合仮名遣』(1701)，『音曲玉淵集』(1727)）．京都方言では混同の結果，ヂ・ヅ［ⁿdʒi］［ⁿdzu］が閉鎖をなくした摩擦音（［ʒi］［zu］）となってジ・ズと統合し，後の標準語音（［dʒi］［dzu］）とは異なる京都方言での二つ仮名状態になっていく[21]．

［サ行・ザ行］　シュが直音化したシになる現象は近世初期の京都でも多かったが（「手裏剣　しりけん」『片言』，江戸でも（今日の関東でも）多い．シは江戸ではヒと紛れることが多かった（『音曲玉淵集』），近代の東京語まで続くが，前代室町期から例が見られる（「是非（ぜし）」，秀吉書状「黒田家文書」）．セ・ゼは初期までは［ʃe］［ze］であったものがいつ［se］［dze］になるかも未詳である．サ行音に［tsa］（例オトッツァン）［tse］［tso］が現れる．

［ハ行子音］　ハ行子音はイ段［çi］，ウ段［ɸu］を除き［h-］に変化していく．いくつかの資料から近世前半にはウ段［ɸu］を除き唇音から喉音へと変化した

---

20) 東西方言差も背景にあり，東ではe化, o化が早いか．
21) 近代まで三つ仮名状態を保持する方言もあり，各方言では複雑な推移がある．

と推定される[22]．『蜆縮涼鼓集』の「新撰音韻之図」では従来唇音と同列であったハ行を「変喉」に配列している．また，『音曲玉淵集』に，ハヒヘホについてフを添えてフハ・フヒ・フヘ・フホと一音に発音すべきことを説きながら，「但字毎にいふにあらず，如此いふべき所々有」とあり，通常多くの場合は唇音性が失われていたと解釈できる．また，同書にシとヒとの紛れが多いことが指摘されている[23]，などから推定されている．パ行音が音韻として確立．江戸でヒ→シが目立つ．

(6) **外来語音**　合拗音で残っていたア段のクヮ・グヮの直音化は継続しているが，前期の京都ではまだ規範（標準語）としては区別意識があった（『片言』(1650))．文化年間（1804-18）の『浮世風呂』には「観音(くわんのん)」と発音する上方女が江戸言葉の「かんのん」をけなす場面があり（「観音(くわんのん)さまもかんのんさま」），京都では規範意識が混同を遅らせ，江戸での混同が早かったことがうかがえる．漢字における入声音［-t］（別 bet，月 get など）は，室町末にもその傾向が残っているが，この時期には［-tsu］と完全に開音節化した．唐音資料では，デ［ti］，ド［tu］，イ［ü］のような，日本語にない音を表す工夫がされる．

(7) **アクセント**　江戸後期以降京都方言は○●●＞○○●，●●○＞●○○となり，語の始まり・終りの指標機能が顕著になり，結果として，アクセントが語の区別の機能から語の境界やまとまりを表す機能へと変質する．

3.2.6. 明治時代以降（近代・現代）

明治以降の音韻（東京）はしばらくは近世後期の江戸語と大きくは異なっていない．以下，江戸語の影響を残した段階から離れて以降の，東京語（関東）での音韻を中心に，特徴的な変化のみをあげる．

(1) **音節の種類**　特に昭和（戦後）以降は外来語音の定着が顕著になる．たとえばティ［ti］・ディ［di］・フィ［ɸi］・スィ［si］（PTA ピーテーエー＞，デズニーシー＞）以外にまだ浸透していなかった外来語音節も，平成以降は英語能力の向上もあって徐々に浸透し，増加する傾向がある（［wi］スウィートなど）．

東京語では /-u/ の円唇性が弱く無声化（無声子音間の狭母音で）が顕著（〜です［des］）．残っていたガ行の前鼻音（鼻濁音）は次第に失われていく．

(2) **音配列の特徴**　促音の後の濁音（バッグ，ドッグ）やハ行音（マッハ），語

---

[22] ハ・ヘ・ホの子音の h 音化は上方では寛文頃（1661-72），全体には元禄頃（1688-1707）には一般化か．
[23] ヒの発音が唇音性［ɸ］を失いヒ［çi］に接近した証左．

頭パ行音など，従来の配列規則とは異なるものが外来語で定着していく．

(3) **特殊音素・母音連接** 江戸語の連母音の音訛は標準語としては排除される．ウトー/'utoR/（歌う）などのオ段長音がアウ（ウタウ/'uta'u/）に「回帰」する．
[拗音] 開拗音のうち，シュ・ジュがシ・ジと直音化する現象は東京語などの東日本のことばでは特に継続して見られ，「新宿シンジク，手術シジュッ」などで語彙的に続いている．合拗音クヮ・グヮは一部は位相的方言的に戦後まで残存したがやがて直音化してほぼ消滅した．

口頭語では母音連接における縮約が盛んである（いわゆる「イ抜き言葉」＝書いている＞カイテル，「委員会インカイ」「体育館タイッカン」）．

(4) **母音** 東京語のウは京都方音に比べて唇の丸めが弱い（非円唇）といわれているが，現代語では関東でも円唇の傾向も指摘され，東西の相違はほぼない．

(5) **子音**
[ハ行子音] 江戸後期とほぼ同じ．単純語では語頭に限られたままで語中語尾に立つことはないが[24]，主に中世以降に生まれたと考えられる語などで再び形成された（「やはり」「はなはだ」「あふれる」「ほふる」）．ヒ・シの関東での混同は近世から受け継がれたが，次第に位相差となり（『浮雲』明治20-22年はお政にだけ「人事(しとこと)，陰陽(かげしなた)」などを用いる），現代語では下町詞や方言的な音となった．

[ガ行子音] 語頭 [g]，語中語尾 [ŋ] という使い分けが維持され，それが標準語音となる．ガ行鼻濁音におけるこの区別は，地域的には近代・現代方言（『日本言語地図』）では日本列島の半分ほどに限定されていた．NHKではなお意図的に維持しているが，関東ではほぼ消失し，使用されていたほかの各地でも若い世代では失われつつある．

[タ行・ダ行子音] 外来語音 [ti] [tu] [di] [du] などが体系のあきまに入り込む．[tsa] [tse] [tso] は標準語音としては排除される．

(6) **外来語音** 幕末以降，外国語学習の影響で借用語が増加し外来語もそれに伴って徐々に浸透していく[25]．定着している外来語音としては，[ti]（レモンtea のティー），[di]（Disk のディ），[si]（スィ）などがある一方，kwa, kwe, wi, we, wo などのような個人差や語による相違が大きい場合もある．チームのように語的に定着している語（[ti:m] ではない）や，フイルムのように「割る」発

---

24) 文字連続による例外である「母」「頬」を除く．
25) 戦後，昭和20年以降の英語教育の再開，入試などでのヒアリング試験の採用，平成以降の外国人教師の採用など，教育やビジネスでの必要性の増大と連動して一層浸透している．

音は世代差・個人差を伴って「ゆれ」のある語も多い[26]. これらやファ[ɸa]・フィ[ɸi]・フェ[ɸe]・フォ[ɸo]・シェ[ɕe] などかつて日本語音に存在した音の定着は早いが, 一方, 音韻史上存在しなかった音声の定着は遅い傾向がある（[r, f, v, θ(th), ð(dh)]）.

(7) アクセント　東京のアクセントが全国の共通アクセントとなる. 特にテレビの昭和30年代以降の普及により伝統的地域アクセントは大きく変質する.

3.3 アクセントの歴史

日本語の標準語のアクセントは, 音節の音程の高低差の組み合わせで1つの語（あるいは形態素）の型を示す高低アクセント (pitch accent) である. アクセントは, 現代標準語では, 高い箇所（アクセントの山, 1ヶ所の場合も連続する場合もある）は, 一続きの箇所に限られるという法則がある. アクセントの「型」（種類）は, 歴史的にその「類」（グループ）を統合させながら, 種類を減少させてきた.

京都方言のアクセント史は, 比較的資料が残っているため, 現在までの変遷がほぼ解明されている. なお, 表記法には種々あるが, 高い音節を●, 低い音節を○ などで示される[27]. 拍内下降は◖, 拍内上昇は◗ で示され, ▽▼記号で下接した助詞のアクセントを示す.

3.3.1 アクセントの歴史を調べる方法

a. 個別変化と体系的変化

日本語のアクセントの変化には, 個別の語ごとの形態（音声）変化に属する「個別的変化」（アカトンボなど）と, アクセントのパターン（型）が属する語群ごとに生じる「体系的変化」（「類」による変化）がある. 日本語全体のアクセントの歴史としては体系的な変化をとらえていく必要がある.

b. アクセント史の資料

アクセントの歴史を調べるためには, ①過去の文献資料, ②諸方言のアクセント（の比較）, ③伝承されている歌謡や語り物の韻律による方法などがある.

①では, 声点, 四声（平上去ほか）, 高低などの記述, 文字の使い分け（「を」と「お」, 万葉仮名の漢字など）などがアクセントを知るための資料となる. ②は,

---

26) フィルムは [ɸi] を用いたフィルムではない. なお, fa, fi, fe, fo も [f] ではなく日本語化させた [ɸ] での受容である.

27) ほかに, 上線や傍線で示したり, アクセントの下がり目（上がり目）を示す方法などがある.

近現代の諸方言のアクセントを比較言語学的に分析し,また,その分布の地理言語学的解釈を加味することで,地域毎に異なるアクセントが変遷した過程を推定することができる.③は,「声明(しょうみょう)」「平曲」「能楽」「邦楽」「歌謡」など,過去のアクセントを保存している可能性のある伝承資料を利用するものである.伝承過程での変化や音楽的旋律による影響を考慮する必要があるが,①や②の資料を補える部分がある.

c. アクセント変化の生じ方

アクセントの変化(体系的変化)は,一定のグループ単位で生じてきていることが研究で明らかにされている.「類」と呼ばれるその群は,品詞,拍数(語の長さ,音の長さ),語の種類(複合語,外来語ほか)などによって異なっている.その「類」がいつどのようにして固定したのかは未詳であるが,8世紀頃にはすでに成立していたと考えられる.

現在,資料が得られるようになる8世紀以降の奈良・京都を中心とした畿内のアクセントの変遷については,一定の変遷が明らかにされてきている.畿内以外では古いアクセント資料がないが,京都(畿内)のアクセントと,現在の諸方言のアクセント体系との比較言語学的研究によって,各地の方言アクセント体系がどのような変化過程を経て今日の体系に至りついたのかも推定されている[28].

アクセントの歴史的変遷は,主にまとまったアクセント資料の見出されている時代とそこから推定されたアクセント体系の状況から,現時点では,大きくは古代・中世・近代の3つに区分して把握されている.

d. アクセントの資料

古い時代のアクセントは,主に声点(アクセントを表示した記号)によってわかる.平安時代を中心にした「古代アクセント」は『類聚名義抄』や『和名類聚抄』『金光明最勝王経』などの古辞書や音義書,『日本書紀』などの訓点資料,また,鎌倉時代室町時代を中心とした「中世アクセント」は,『古今和歌集』の声点本,『四座講式』『備忘記(ぶもうき)』[29],江戸時代後期の「近代アクセント」は平曲譜本の『平家正節(まぶし)』などによって,解明されてきいる.それらと各地の方言アクセントとを対照させることで,より緻密な変遷が推定されている.

上代にはアクセント資料は残されていないが,『日本書紀』の万葉仮名として

---

28) それは,理論的解釈によるもので,その地域地域のその土地においてその過程が実際に使われつつ変遷したかとはまた別の問題となる.
29) 「論義」に用いる読みくせを整理した書.

使われている漢字の当時の中国の四声の語ごとの現れ方を，平安時代のアクセントと比較対照することによって推定する方法が提示されており，平安時代とほぼ同様であったとする解釈がある．

e. アクセント体系の変化の特徴

アクセントの体系は，語彙，文法，音声の総体的体系（各々に部分体系があるが）に比しても，全体的制約力のもっとも強いシステムである．アクセント型が同じ「類」は，<u>品詞の相違を超えて</u>一律に同じ変化を経ていく．それゆえ，変化初期の一時的段階は別として，たとえば同じ型でも動詞だけに変化が生じるとは解釈されていない．

なお，動詞の場合は，中古に「連体形終止用法」が生じて連体形と終止形とが同形となったため，それ以前までアクセントが異なっていた両形の区別がなくなり連体形の型が終止形にも継承されていった．

3.3.2　アクセント（京都）の変遷上の特徴
a. 古代アクセント
(1)　上代　　現在，中古とは大きくは異ならないと推定されている．
(2)　中古末[30]　　後世に比して多くの型をもった．1拍の中で変化がある「上昇調」「下降調」が見られる．

サ変動詞も含め複合動詞と見られる語でも，各構成要素である語ごとのアクセントが保持されることが多い（複合語は今日のように一語化したものではなく，構成部分毎に別のアクセントであった）．助詞・助動詞の一部にも独自のアクセントがあった．形容詞は原則2種類で，一部を除いて高起式（●●◖,「疎し」「賤し」）と，低起式（○○◖,「白し」「悲し」）であった．

終止形と連体形の合一が生じる前は各々のアクセントは異なっていた（三音節四段動詞第一類など）．平安時代末には，すでに用例がわずかであった上昇調，下降調をもつ型は鎌倉時代以降には消滅している．具体的には，2拍語・3拍語の主要な「類」のアクセントは，表3.2のようであった．
[1音節名詞]　　次の4種の型に分かれていたと推定されている（数字は類）．
　1　●型（高く平ら）：　子・身　　2　◗型（高から低へ下降）：　名・日
　3　○型（低く平ら）：　木・手　　4　◖型（低から高へ上昇）：　巣・歯

---

30)　資料は古辞書・音義書・訓点資料など．藤原定家や『色葉字類抄』がアクセントによって「を」（上声），「お」（平声）と仮名を書き分けている．

表3.2 京都アクセントの類および通時的変遷図（2拍・3拍名詞）

表	拍数	類	名詞	動詞	形容詞	図	古代	中世	近代
1	2拍	第1類	蚊が・子が・風・水……	置く・買う（連体形）……		1	●● ●●	●● ●●	●● ●●
2	2拍	第2類	日は・葉が・石・川……	置き・買い……		2	●● ●○	●● ●○	●● ●○
3	2拍	第3類	足・山・目が・弓・綿……			3	○○ ↗○●	●○ ○●	●○ ○●
4	2拍	第4類	木が・日が・笠・舟……	書く・取る（連体形）……	（無い・良い）	4	●○ ○●	○● ○●	○● ○●
5	2拍	第5類	秋・春……	書き・取り（連用形）、書け・取れ（命令形）		5	●○ ○○	●○ ○○	⌐●○ ⌐●○
①	3拍	第1類	風が・水が・形・車……	上る・明ける（連体形）……		①	●●● ●●●	●●● ●●●	●●● ●●●
②	3拍	第2類	小豆（あずき）・二人（ふたり）……	上り・当り……	赤い・甘い……（連体形）	②	●●○ ●●○	●●○ ●●○	●●○ ●●○
④*	3拍	第4類	頭・鏡・刀・男……			④	○○○ ↗○○●	○●● ○●●	○○● ○○●
③*	3拍	第3類	石は・川が・二十歳（はたち）・力……			③	●○○ ↗○●●	●○● ●○●	●○● ●○●
⑤	3拍	第5類	足は・山が・命・心……	余る・思う（連体形）……	白い・高い……（連体形）	⑤	●●○⇒○●●	○●● ↗○●●	○●● ○●●
⑥	3拍	第6類	笠は・船が・兎・鼠……	歩く・隠す（連体形）……		⑥	●○○ ●○○	●●○⇒●●○	○○○ ●●○
⑦	3拍	第7類	秋は・春が・兜・盥（たらい）……	歩き・隠し（連用形）、歩け・隠せ（命令形）	白く・高く……（連用形）	⑦	●○○ ●○○	●○○ ●○○	○○○ ○○○

*④③は右の変遷図に合せて上下を入れ替えている.

3.3 アクセントの歴史

1音節名詞は2音節程度にひきのばしてそれぞれ●●型・●○型・○○型・○●型にも発音された．◐型（○●型）に属する1音節名詞はきわめて少なく，鎌倉期には●型に変化したと考えられる．

[2音節名詞]　次の10類の型があったといわれる．

1　●●型：　篋　波古　　2　●○型：　梯　波之　　3　○○型：　髪　加美
4　○●型：　船　布祢　　5　○◐型：　虻　安父　　6　●◐型：　溝　ミゾ
7　◐○型：　虹　尔自　　8　◑◐型：　紫苑(のじ)　9　◐●型：　象　キサ
10　◑○型：　脛　ハギ

このうち，●◐・◐○・◐●・◑○の型に所属する語は少ない．平安末期から鎌倉にかけて，●◐・◐●型は●●型に，◐○・◑○型は●○型に各々転じたらしい．○◐型も同じころ○●型に合流したと推定され，その結果5類になっていく．

b. 中世アクセント

鎌倉期から室町期に大きく変化した．古代から近代アクセントへの変化が生じた時期である．語頭・語末などにあった上昇調・下降調は大部分が消滅し，各々高平化した．助詞・助動詞も独自のアクセントを失い自立語と結合してアクセントを作るようになる．終止形連体形合一の進行に伴い，アクセントが異なっていた四段活用の終止形は連体形アクセントへ移行した．

資料の時期と変遷の解釈から次のような「体系変化」の段階を経て変遷していると考えられている．

(1)　第1段階（南北朝頃）　低平型が消滅し，高平型との間の対立が消滅した．低平調（○〜○型）から頭高型（●○〜型や，●●〜○型の類）の変化が生じた（行阿『行阿仮名遣』1363年など）．

⑤の○○●が，●○●を経て（『堅精論議』『仏遺教経』の譜本など），●○○へと変化した（『備忘記』『論議書』など），いわゆる尾高型（○○●＞●○●）から頭高型（●○○）への変化である．

(2)　第2段階（江戸）　⑥の○●●＞○○●への変化が生じた（平曲の譜本『平家正節』）．

(3)　第3段階（江戸後期から近代・現代の間）　江戸時代後期にも大きな変化が生じた．②において，●●○＞●○○への変化が生じ，また，一部（「二つ」「緑」「むかで」「とかげ」など）は，●●○＞○●○の変化によって⑦へ合流したものもあった．

この時期は，全体として，アクセントの「体系変化」が進み，式保存の法則が

一部崩れる．

c. 近代アクセント

⑥の○●●＞○○● (や○○●●型 (ウチカケ)＞○○○●型) が完了した結果，低く始まる語は高い位置が 1 箇所に限定されるようになった．3 拍語の●●○と●○○とが統合されて●○○になる．

この結果，高平型以外では，高い拍が続く型がなくなり高い拍は 1 箇所だけとなった．その結果，高く始まるのは，高平型か，始まりのみが高い型かの 2 種類となり (「型の統合」ともいう)，全体的には高平型との相違がより明確 (単純) になった．

現代アクセントと大きくは異ならないアクセント体系となるが，江戸時代での資料が乏しいこともあり変化の細部は未詳である．

d. 変遷の通時的特徴 —— 意味の弁別機能から単語の区切り機能へ

顕著な通時的傾向を挙げておけば，以下などが特徴的である．

ア 「低平型」が消滅した (「高平型」との対立が解消)

イ 「高平型」以外は，高い拍が 1 拍だけになった

総合的には，日本語のアクセントは，語の区別に役立つ機能から語の境界や語としてのまとまりを表す機能へと変化してきている．金田一春彦氏は，それを「語義の区別に役立つメキシコ型アクセントから，1 語のまとまりを示す，ギリシャ型アクセントへの脱皮を遂げて来た」と表現した．

第4章 語形と音変化

4.1 語の音構造
4.1.1 和　　語
a. 和語の音節構造

　現代日本語の語種はその出自に基いて和語，漢語，外来語に分けられている．このうち漢語と外来語はその起源を一応の根拠とともに説明できるが，和語は漢語流入以前に存在していた語種を総称するため，今日和語と分類される中にも大陸より流入した可能性のきわめて高い言葉も含まれる．たとえば「ウメ（梅）」「ウマ（馬）」などがそれに当たるが，これらの語が「バイ」（母音連続）や「バ」（語頭濁音）など字音の音的特徴をもたない点で，和語らしさを保持していることに注意すべきである．すなわち語種それぞれは言語的起源と歴史の蓄積の違いに応じて，独自の音（音節）構造や音配列の制限・法則をもつのであって，それが主観的な「～らしさ」と結びついているのだと考えられる．

　和語の音節構造の基本は，C（consonant，子音）とV（vowel，母音）による開音節構造である．たとえば「か」の音はローマ字で表記すればkとaとの組み合わせで構成されている．和語のこの音節構造は日本語全体に対して，今でも強い制約の力をもっている．だから閉音節構造も許容する英語から「best」（CVCC）という言葉を借用しようとすると，Vを伴わないCの後にVを補ってベスト＝besuto（CVCVCV）のような形にしてしまう．

　以下では和語のもつ音配列上の特徴について見ていく．

b. 母音の連続を嫌う

　古代日本語においては母音は上述のようにCVの構造で現れるのが基本であり，Vが単独で現れるのは語頭環境のみであった．したがって原則として-VV-という連接は存在しないが，語が複合して非語頭環境に母音連続が生じてしまう場合には，母音の連続は次のような方法で回避された．以下，8世紀頃の文献か

ら語例をあげる．

① 母音を脱落させる（下線は脱落した母音）

「わが（我が）＋いへ（家）」waga＋iϕe_甲→「わぎへ」wagi_甲ϕe

「あら（荒）＋いそ（磯）」ara＋iso_甲→「ありそ」ariso_甲

「くれ（呉）のあゐ（藍）」kurenoawi→「くれなゐ（紅）」kurenawi

② 母音を融合させる（下線は融合された母音）

「たか（高）＋いち（市）」taka＋iti→「たけち」take_乙ti

「なが（長）＋いき（息）」naga＋iki_甲→「なげき（嘆き）」nage_乙ki_甲

「さき（咲き）＋あり（有り）」saki_甲＋ari→「さけり（咲けり）」sake_甲ri

③ 子音を挿入する（下線は挿入された子音）

「はる（春）＋あめ（雨）」ϕaru＋ame_乙→「はるさめ（春雨）」ϕarusame_乙

c．エ段音が少ない

現代語と古語の辞書をそれぞれ任意に選んで，どの音が多いのかその割合を調べると表4.1のような結果となる[1]．一目してわかるようにエ段音がかなり少ない．このことは後に見るように，エ段音の成立と関係があると考えられている（大野（1957））．

ところで，いわゆる記紀万葉など8世紀の資料に見られる万葉仮名の分析によれば，イ・エ・オ段には2つの系列（それぞれ甲類・乙類と呼んで区別される）に基づく万葉仮名の使い分けがあった．これを上代特殊仮名遣と呼ぶ（橋本（1949））．橋本以来これらイ・エ・オ段における2系統の別が，何らかの音価の違いに基づくことは定説となっている．ただし各段のすべての音節が区別されるのではなく，キヒミ/ケヘメ/コソトノヨロ（古事記のみモも）に限られる．

大野（1957）によれば，このうちエ段の甲類・乙類とイ段の乙類は基本的な母音の合成によって新たに加わった母音であると推定されている[2]．いまエ段のみその変化過程を以下に示す（先に掲げた母音融合の実例を改めて併記する）．

表4.1 辞書項目に出現する音の比較

	ア段	イ段	ウ段	エ段	オ段
現代語	28%	26%	14%	11%	20%
古語	33%	23%	16%	9%	19%

---

1) 辞書によって多少の出入りはあるだろうがおおむねの傾向に変わりはないと考えられる．
2) なお大野によればイ段甲類と乙類の比は約9:1であるという．またイ段乙類は o_乙i→i_乙, ui→i_乙 という合成によって成立したとされる．

エ段甲類：ia→e甲　（saki甲 + ari→sake甲ri）
エ段乙類：ai→e乙　（taka + iti→take乙ti）

表4.1の分布の偏りは，エ段音の成立にかかわるこうした経緯と関係がある（エ段音が後発の合成音であるため数が少ない）と考えるわけである．

d. 母音調和

古代日本語に見られる特徴的な音配列の一つに母音調和がある．母音調和とは類似した音で構成される2つの異なる母音群（前舌母音・後舌母音）が単語内に共存せず，一単語に1つの母音群だけが現れることを指す．有坂（1932）ほか，池上（1932）によれば，同一結合単位（語根・語幹）に次のような音配列の制限が観察されるという（「有坂・池上法則」）．

① オ段甲音とオ段乙音は同一結合単位内（語根・語幹）に共存しない．
　　オ段甲を含む例：イトコ ito甲ko甲，モモ（百）mo甲mo甲
　　オ段乙類を含む例：コト（事・言）ko乙to乙，ヨソ yo乙so乙

② ウ段音とオ段乙音は同一結合単位内に共存することが少ない．特にウ段音とオ段音を含む2音節の結合単位においては，そのオ段音がオ段乙音であることはない．
　　ウ段音とオ段甲音を含む例：クモ（雲）kumo甲，フト（太）ɸuto甲

③ ア段音とオ段乙音は同一結合単位内に共存しない．
　　ア段音とオ段甲音を含む例：ソラ（空）so甲ra，ナゴ（和）nago甲

こうした音配列の制限は法則と呼ばれはしたものの，母音調和として見るならば例外も少なからずあり，さらに古い時代に存していた母音調和の名残かとも考えられている．母音調和はモンゴル語，ツングース語，中期朝鮮語などのアルタイ諸語に見られることから，日本語をアルタイ諸語の一つとみなす考え方もあるが，懐疑的な立場もあり定説をみない．

e. 語頭にラ行音が立たない

以上は母音に見られる音配列の特徴だが，以下では子音について触れる．

日本語においてラ行音で始まるのは漢語・外来語ばかりである．外来語を除き日常的に使う語を思い浮かべても，ラクダ（駱駝），リンゴ（林檎），レンコン（蓮根），などその多くは漢語由来であることが知られる．これは裏を返せば，和語は語頭にラ行音をもたないことを示している．すなわち，日本語における語頭ラ行音という音配列パタンは外来の語が輸入されたことによって初めて成立したことになる．平安初期頃，日常的に使用されたと考えられる漢語には「瑠璃　俗云留利（ル

リ）」（『和名抄』，10世紀）のように語頭ラ行音がしばしば見られる一方で，「流（＝硫）黄　俗云由王（ユワウ）」のようにルワウが期待されるところをヤ行で回避したと思しき例も見られる．それほどに語頭にラ行音を立たせない和語の制約は強かった．

f. 語頭に濁音が立たない

　ラ行音ほど厳密ではないにせよ，濁音も和語においては語頭に立ちにくかった．古くは「鼻毗之毗之（ビシビシ）爾」（『万葉集』5 巻，892）や，「馬声蜂音石花蜘蛛荒鹿（イブセクモアルカ）」の「蜂音（ブ）」（同 12 巻，2991）のような擬声語をわずかに数えるばかりであった．漢語には「餓鬼」「婆羅門」など語頭濁音と思しき例を古くに認めることはできるけれども，「胡麻　音五麻訛云宇古末」のように語頭濁音を回避した例も見られ，制約の強さを物語る．

　現代語に目を転じると，「出る」「抱く」「薔薇」など和語にもかかわらず語頭濁音である例が存するが，これらは「出でる」「いだく」などの古めかしい語形が併存することからもわかるように，かつて語頭にあった狭母音「イ」や「ウ」が脱落し濁音が露出して成立したと考えられている．

　ただし和語においては語頭濁音を敢えて使うことで，語に独特の印象をもたせることがある．上記の万葉集においても和語の語頭濁音は擬声語に現れた．いま，現代語の擬声語・擬態語について，語頭濁音と清音で対をなすものを列挙してみる．

　　　ガタガタ―カタカタ　　　ザラザラ―サラサラ
　　　ダンダン―タンタン　　　ドロドロ―トロトロ

語頭濁音語に対しては強い，粗い，汚い，重いなどの印象を，語頭清音語には弱い，細かい，美しい，軽いなどの印象をもつだろう．そう考えると，「がなる」―「かなでる」，「ざま（様）」―「さま」，「（嘘が）ばれる」―「（疑いが）はれる」などのような，派生関係にある語が濁音/清音とに応じて意味の違いを対応させるケースのあることに気づかれる．語頭濁音と語頭清音が生むこうした印象や意味の違いは，和語の語頭に濁音が立ちにくい性質を裏側から利用したものと考えられている（小松（1981））．

4.1.2. 漢　　語

a. 双声・畳韻

　中国の修辞学に，「双声」，「畳韻」という伝統的用語がある．それらが指す具

体的な語を以下に見てみよう．

　　双声： 喧嘩・乾坤・豪華・颯爽・参差・天地・髣髴・磊落・流利・玲瓏
　　　　　（けんか）（こうか）（ごうか）（さっそう）（しんし）（てんち）（ほうふつ）（らいらく）（りゅうり）（れいろう）
　　畳韻： 委蛇・質実・支離・逍遥・滅裂・突出・内外・爛漫・陸続・老幼
　　　　　（いい）（しつじつ）（しり）（しょうよう）（めつれつ）（とっしゅつ）（ないがい）（らんまん）（りくぞく）（ろうよう）

　双声とは頭子音を同じくする2字の組み合わせをいう．便宜的に「喧嘩」の発音をローマ字で記せば，ken-ka であって k が共通する．現代日本語で読めば「豪華」gou-ka のように共通しないものもあるが，後述の古代中国語ではどちらも同じ子音 γ-（匣母）であった．畳韻とは頭子音を除いた部分，韻を同じくする2字の組み合わせであり，漢詩など韻文の詩作においては相互に押韻しあえる関係をいう．たとえば「支離」ではどちらも–i，「爛漫」ではどちらも –an が共通することがわかる．こうした修辞的技法は古くは『詩経』（紀元前9世紀～7世紀）に存していた．すなわち古代中国では音節が頭子音と韻に分けられることが感覚的に知られていたようである．

　こうして音節に対する観察が進み，いよいよ正確に音を表そうとしたのが「反切」である．反切の発生時期はよくわかっていないが，『説文解字』（後漢，100年）成立から『玉篇』（梁，543年）成立までの間ではないかといわれている．反切では2字の漢字を用い，第1字の頭子音と第2字の韻を組み合わせて当該字の音を表示する．たとえば「東（tuŋ）」の音を表すのに「徳（tək）紅（γuŋ）反」とし下線部を合成させるわけである．

b. 字音の構造

　中国語を表記するために誕生した漢字は形・音・義を備えると言われる．いわゆる訓に対する音とは形・音・義のうちの音を意味しており，「漢字音」または「字音」とも言う．外国語としての古代中国語（以下，中国原音）が日本語に摂取され字音となるプロセスにおいて，一漢字一音節を基本単位とする字音の音節構造は，日本語の CV を基本単位とする構造に組み替えられてしまった．いま中国原音の音節構造を概念的に表示すれば次のようになる．

　　　IMVE/T

　I は Initial（頭子音），M は Medial（介音），V は Vowel（主母音），E は Ending（韻尾），T は Tone（声調（超分節音素））を表す．

　なおこれらの音節構造のうち必須の構成要素は V と T のみであって，必ずしも全ての構成要素を備えるわけではない．

　　「他」t'ɑ/ 平：　タ（1拍）
　　「唐」d'ɑŋ/ 平：　タウ（2拍）

「桓」ɣuɑn/ 平： クヮン（2拍）

「張」ti̯aŋ/ 平： チャウ（2拍）

＊Bernhard Karlgren 氏の推定音に基づく

たとえば，「他」はIV/Tのみを備えタ（1拍，CV）となったが，「唐」はIVE/Tを備えタウ（2拍，CVV）となった．すなわち中国原音では音節内部にあった韻尾が日本語では切りだされ，2拍で実現することとなる．

介母には-i系の拗音介母と-u系の合口介母，-iと-uの合成音である-y介母がある．「桓」「張」はIMVE/Tを備え，前者は合拗音クヮン（2拍，CVC），後者は拗音チャウ（2拍，CVC）のように表される．-i系の介母は○ャ，○ュ，○ョなどのようにいわゆる拗音形で定着し現在に至るが，-u系の介母は「火」クヮ，「鬼」クヰ，「化」クェなどのように原則的にカ行に現れ（カ行合拗音），後にクヮ・グヮ（「火事」クヮジ・「元日」グヮンジツなど）のみが近代を迎えるまで全国に広く残った．

中国原音を日本語に取り込むプロセスを通じて，日本語の音節構造には様々な変化が生じたことが知られる．上に示した介母を写しとるために拗音を生じたこと，次節で詳述するように鼻音韻尾を写しとるためにンを生じたこと（それ以前のCV構造＝開音節にCVC構造＝閉音節が加わったこと）もその一例である．

c. 韻　尾

韻尾には，「道」d'ɑu/ 上（ダウ），「大」d'ai/ 去（ダイ）など母音-uや-iで終わるものもある．音声学ではこれらを2重母音とするが，中国語音韻学では韻尾と位置づける．

表4.2に鼻音韻尾と入声韻尾を見る．
唇内・舌内・喉内は中国音韻学の用語で，それぞれ音声学で言うところの両唇音・歯茎音・軟口蓋音に対応する．

鼻音韻尾（以下，T. 声調は省略する）のうち，唇内鼻音韻尾-mと-舌内鼻音韻尾nは院政末期から鎌倉時代頃までは区別された．-mは主として○ム（「甘」，「三」，「男」），-nは○ニを経て○ン（「山」「信」「牽」）と表記され，やがて両者と

表 4.2 鼻音韻尾と入声韻尾

	唇内	舌内	喉内
鼻音韻尾	-m	-n	-ŋ
入声韻尾	-p	-t	-k

も撥音ンに吸収される．なお「三位一体」をサン<u>ミ</u>イッタイ，「三郎」をサブロウ，「灯心」をトウシ<u>ミ</u>などというのは –m の，「反応」をハン<u>ノ</u>ウ，「天皇」をテン<u>ノ</u>ウ，「云々」をウン<u>ヌ</u>ンなどというのは –n のそれぞれ名残である（4.2.2項「連濁と連声」にて詳述）．

喉内鼻音韻尾 –ŋ は主として○ウで表記された（「相」サウ，「東」トウなど）．類似の音として調音点が前寄りの –ŋ' もあったが，–i 系の介母や前寄りの主母音をもつ場合に限り漢音で○イ（「敬」ケイ，「青」セイ，「明」メイ）と表記された．

なお喉内鼻音韻尾は表記上母音韻尾のウ・イと合流したかに見えるが，鼻音をある時代まで保っていたらしい．漢語サ変動詞にその名残が見られる．

  喉内鼻音韻尾字： 命ずる・通ずる・生ずる
  母音韻尾字：   制する・号する・有する

古代における日本語の濁音は音節頭子音に鼻音を伴っていたと考えられているが，鼻音韻尾字直後にその鼻音の影響で「ーずる」が生じたとすれば，表記上ウ・イであったとしても鼻音を伴う発音がなされたと考えてよいだろう（奥村（1952））．

入声韻尾 –p, –t, –k は本来破裂を伴わない音（内破音という．これに対して英語の tap, cat, back などは外破音という）であるが，u や i の母音を寄生させて –p は○フ，–t は○チ・○ツ，–k は○キ・○クと表記した．

唇内入声韻尾の○フは両唇摩擦音 –ɸu で実現されたため，以後日本語に生じた音韻変化を被り –ɸu＞–u と変化した結果，○ウと表記されるに至った．たとえば「法隆寺」をホ<u>ウ</u>リュウジというのはホフ＞ホウの結果である．ただし「立」「執」「雑」は元来入声韻尾をもつ字であるのに，それぞれリュウ（建<u>立</u>）・リツ（成<u>立</u>），シュウ（<u>執</u>念）・シツ（<u>執</u>事），ゾウ（<u>雑</u>巾）・ザツ（複<u>雑</u>）と○ツという読みももつ．これは後に無声子音が続く場合に唇内入声韻尾をもつ字が促音化を起こすことがあったため，いわゆる「誤れる回帰（false regression）」によって舌内入声韻尾字と誤認されたことによる（小松（1956））．

舌内入声韻尾は概ね呉音で○チ，漢音で○ツで表記された．ただし呉音であっても主母音が u の場合は「仏」ブツのように○ツの形となる（林（1963））．喉内入声韻尾には –k のほか類似音に前寄りの –k' もあった．–k は○ク（「確」カク，「弱」ジャク，「白」ハク）となるが，–k' は –ŋ' とほぼ並行的な関係で，–i 系の介母や前寄りの主母音をもつ場合に限り○キ（「激」ゲキ，「席」セキ，「暦」レキ）で表される．

d. 漢語の音に潜む「らしさ」

次の (A) と (B) のグループをそれぞれ発音したときに漢字で表記できそうな印象をもつのはどちらだろうか.

  (A) センリン, センリン的 (B) セメリサ, セメリサ的
  (A) コウソウ, コウソウ的 (B) コダソル, コダソル的
  (A) テイカイ, テイカイ的 (B) テルカニ, テルカニ的
  (A) チクレツ, チクレツ的 (B) チモレズ, チモレズ的

ほぼすべての人が (A) と回答するに違いない. (A) には実在する語も含まれるがいくつかは架空の語である. それにもかかわらず (A) を直観的に選択するのはなぜだろうか. また「〜的」とは漢語を構成する造語成分の一つである. 「現実的」「創造的」などのように本来は漢語と結びついて新たな語を作る特徴をもつ. 「〜的」と結びつき得るのは (A) ばかりであろう. (A) のグループは漢語に特徴的な音を備えている. それは, たとえば「センリン」に見られる「○ン」(地震・画面など),「コウソウ」に見られる「○ウ」(使用・表示など),「テイカイ」に見られる「○イ」(形態・社会など),「チクレツ」に見られる「○ク」「○ツ」(落札・特別など) であって, その音形はこれまで見たように鼻音韻尾・入声韻尾に由来をもつ.

古代中国語が日本語に流入・定着した結果, 日本語の中に新たな独自の音配列が誕生した. 漢語はいまや日本語に溶け込んでおり, 日常的な使用の中で異種性を意識することは少ないが, その音配列は特定の語種のなかに刻み込まれ, 直観的な「らしさ」と結びつけられている.

4.2 音変化の諸相

4.2.1 母音交替と子音交替

a. 露出形と被覆形

次の一覧に見るように, 単独の語とそのあとに他の語が続く場合とで母音を交代させるペアがある (古語も含むので歴史的仮名遣いで記す).

  ①エ段乙音ーア段音
    サケ (酒) ーサカヅキ (杯) カゼ (風) ーカザグルマ (風車)
    テ (手) ータムケ (手向) カネ (金) ーカナモノ (金物)
    フネ (舟) ーフナノリ (船乗) ムネ (胸) ームナモト (胸元)
    ウヘ (上) ーウハグスリ (上薬)

② イ段₂音ーウ段音
　　カミ（神）ーカムナガラ　　ツキ（月）ーツクヨ（月夜）
③ イ段₂音ーオ段₂音
　　キ（木）ーコノハ（木の葉）　　ヲチ（彼方）ーオトツヒ（一昨日）
　　ヒ（火）ーホムラ（焔）

各ペアの前者は後に語が続かないので「露出形」，後者は後続の語に覆われているので「被覆形」と呼ぶ（有坂（1931））．4.1.1 項「和語」で記したように上記ペアの露出形に見られるイ段₂音とエ段₂音は合成母音であるから，次のように対応する被覆形に母音 i が付いたという推測が立つ．

露出形	被覆形+i
(1) サケ sake₂	← サカ saka+i
(2) カミ kami₂	← カム kamu+i
(3) キ ki₂	← コ ko₂+i

この i は名詞を作る接辞だったのではないかと考えられている（大野（1953））．奈良時代には「此を持ついは称をいたし捨つるいは誇りを招きつ」（『続日本記』30 宣命 45）のように「い」はコトとかモノの意味を表しており，この意味と名詞を作る i の機能は通底する．

b. 動詞の活用型に見る母音交替

　動詞の活用も母音交替の一種である．活用型と各活用形を上代特殊仮名遣の観点を交えてものが表 4.3 である．なお見やすさのためにイエオの甲類は ieo，乙類は ïëö で示してある．

　表中，下二段活用の「明ク」における連用形「明ケ₂」akë は，露出形と被覆形の対応から考えれば，aka+i によって成立したものだと推定される．同様に上二段活用の「起ク」における連用形「起キ₂」ökï は，öku+i か ökö+i から成立したと考えられるだろう．連用形は現代語においても「明け」など名詞として用いられるから，i の機能が働いたものと考えるのに都合がよい．

　四段活用の「咲ク」における連用形 saki はどう考えるべきか．これは語幹の認め方によって変わってくる．大野晋は sak- のような子音で終わる閉音節語幹を想定し，sak+i で成立したと考える．大野はラ変・ナ変・カ変・サ変も同様に閉音節語幹と考えている．これに対して，馬渕（1971）や沖森（2010）では閉音節語幹を認めず，語幹 saka+i という連続において a が脱落し saki が成立したと

表 4.3 動詞の活用と母音交替

活用型	語例	未然	連用	終止	連体	已然	命令
四段	咲ク	saka	saki	saku	saku	sakë	sake
ラ変	有リ	ara	ari	ari	aru	arë	are
ナ変	去ヌ	ina	ini	inu	inuru	inë	ine
カ変	来	kö	ki	ku	kuru	kure	kö
サ変	ス	se	si	su	suru	sure	seyö
下二	明ク	akë	akë	aku	akuru	akure	akëyö
上二	起ク	ökï	ökï	öku	ökuru	ökure	okïyö
上一	着ル	ki	ki	kiru	kiru	kire	kiyö

する．動詞未然形が必ず助動詞・助詞を伴うことに着目し，「覆われて」いる未然形と連用形の関係もまた，被覆形と露出形の関係から捉えることが可能であるとする．すなわち，上表の四段〜サ変は基本的に語幹末の母音が脱落してiがついたものと説明されるわけである．

そのほかの活用形成立についての解釈は，大野 (1953)，馬淵 (1971)，沖森 (2010) に詳しい．

c. 語形交替と変異

語が派生したり，文法上の機能が変化したりする際に母音や子音を交代させる現象がある．これを語形交替という．語形交替は一般的に共時的な現象とされ，通時的な変化とは別の，ある体系内での問題として扱うことができる．

次に見られる接頭辞の/ま/は，後続する子音との関係から「ま-」「まん-」「まっ-」などの異なった現れ方をするが，よくみると鼻音に続く場合は「まん-」，無声子音に続く場合は「まっ-」であり，条件（環境）によってほぼ規則的な現れ方をすることがわかる．

　　/ま/　ま夜中・まん中・まん丸・まっ昼間・まっ黄色

これらはすでに述べた露出形と被覆形の関係と同じように，複合する場合としない場合とで規則的な現れ方をする．4.2.2項で扱う連濁についても，たとえば「はこ（箱）」—「ほんばこ（本箱）」や「ふね（舟）」—「やかたぶね（屋形船）」などの対立で知られるように，単独形と複合形で清濁を規則的に交替させる例のあることが知られる．

以上は，ある条件（環境）に基づく異なり（これを条件変異という）であるが，条件に基づかない変異もある．たとえば「あそぶ（遊ぶ）」の「ぶ」の発音は注意して聞くと [asobɯ] のように破裂音で実現する人と，[asoβɯ] のように摩擦

音で実現する人がいる．あるいは同一人であっても発音の速度や力の入れ方によって，異なった現れ方をすることがある．こうした異なりを自由変異という．

d. 語形変化

共時的な語形交替に対して，通時的な変化を指す場合，語形変化という．以下では① 母音変化と② 子音変化に分けて例をあげる．

(1) 母音変化

  イからウ： イロコ＞ウロコ・イヲ＞ウヲ（あるいはウヲ＞イヲ）

  イからエ： オホカミ＞オホカメ

  ウからオ： ハグクム＞ハゴクム

  オからウ： ノゴフ＞ヌグフ

(2) 子音変化

  タ行とサ行： ケツ＞ケス（消）・フサグ＞フタグ（塞）

  バ行とマ行： ケブリ＞ケムリ・マモル＞マボル・サブライ＞サムライ

       カタブク＞カタムク・カウブル＞カウムル

  ナ行とマ行： ヒネモス＞ヒメモス・ミラ＞ニラ

  清音と濁音： オビタタシ＞オビタダシ・カカヤク＞カガヤク

       ザザメク＞サザメク・ソソク＞ソソグ

以上の語形変化は音韻変化のように体系的・規則的に生じた変化ではないことに注意が必要である．加えて，たとえばカウブル＞カウムルと変化し，カンムリ（冠）という語も派生しながらも一方で動詞カブルにバ行を保存するなど，意味や文法上の派生と語形の問題もある．さらには上記サブライ＞サムライというバ行からマ行への変化は中世から近世にかけてのある時期に生じたが，さらに遡ればサモラフという語形が上代に存しており平安時代初期にはマ行からバ行への変化が生じていたことが知られ，行から行への変転は必ずしもリニア（線形）に説明されるのみではない．

すなわち語形変化にはそれぞれの語ごとに個別的な事情が伴っていると考えられるのであって，その事情を明らかにするには方言や文献資料を広く用いて丹念に語史を追いかけてゆく必要があろう．

4.2.2 連濁と連声

a. 連濁と連濁を生じない条件

「ウミ（海）」+「カメ（亀）」が「ウミガメ」となるように，2つの要素（形態素）

が結合して1つの複合語になるとき後部要素の頭子音が濁る現象を伝統的に連濁と呼ぶ．連濁は，複合語の後部要素がカサタハ行（およびその拗音キャシャチャヒャ行）に始まる場合に限って生ずるが，これを音声学的に説明すれば後部要素の頭子音が無声子音である場合に有声子音に交替する現象であるということになる．「ウミウシ」「ウミネコ」が連濁を起こさないのは「ウ」や「ネ」が初めから有声音だからである．

モチ＋コメ　　→　モチゴメ
アオ＋ソラ　　→　アオゾラ
イマ＋トキ　　→　イマドキ
ナガレ＋ホシ　→　ナガレボシ

連濁を生じない条件については次のようなことが知られている（以下の語例では左項が連濁を生じない例，右項が連濁を生ずる例）．

(1)　後部要素が漢語や外来語
　① 後部要素が漢語
　　　シロヒョウ（白＋豹）ーシロギツネ（白狐）
　　　クロコショウ（黒＋胡椒）ークロボシ（黒星）
　② 後部要素が外来語
　　　衣装ケース（衣装＋ケース）ーホンバコ（本箱）
　　　選挙カー（選挙＋カー）ーダイハチグルマ（大八車）

後部要素が和語の右項と異なり，漢語や外来語である左項は連濁を生じない．ただし後部要素が漢語や外来語であっても，「シロザトウ（白＋砂糖）」，「ワガシ（和＋菓子）」（後部要素が漢語），「イロハガルタ（いろは＋カルタ）」，「アマガッパ（雨＋カッパ）」（後部要素が外来語）のように，馴染みが深い言葉には連濁を生ずる場合もある．

(2)　オノマトペ
　　カラカラーカタガタ（方々）
　　サラサラーサマザマ（様々）
　　タラタラータカダカ（高々）
　　ハラハラーハナバナ（花々）

右項は繰り返しの形式をもつ畳語であるが，オノマトペと異なって連濁を生ずる．

(3) 後部要素の第2音節以下に濁音を含む語

　　フルク<u>ギ</u>（古＋釘）ーハグキ（歯＋茎）

　　コ<u>サ</u>ジ（小＋匙）ーイチリン<u>ザ</u>シ（一輪＋挿し）

　　フクロ<u>ト</u>ジ（袋＋閉じ）ーオナイ<u>ド</u>シ（同い＋年）

　　アガリ<u>フ</u>ジ（上がり＋藤）ーナニワ<u>ブ</u>シ（浪速＋節）

　これはライマンの法則（Lyman's law）[3]として広く知られる．左項は後部要素の第2音節以下に濁音を含む語で，連濁は生じない．ライマンの法則にはほとんど例外がないが，「ナワ<u>バ</u>シゴ（縄＋はしご）」など後部要素に「ハシゴ」をもつ一群の単語のほか，「フン<u>ジ</u>バル」「ワカ<u>ジ</u>ラガ（若＋白髪）」「レイ<u>デ</u>ガミ（礼＋手紙）」など古い辞書に確認できるいくつかの語に例外が認められる．

b. 撥音直後に見られる連濁

　主として漢語において撥音の直後に連濁が見られがちという現象がある．

　　リン<u>ゴ</u>ク（隣国）ーガイコク（外国）

　　アン<u>ザ</u>ン（暗算）ーギャクサン（逆算）

　この現象は平安期の資料にも「サン<u>ジュ</u>（三種）」「レン<u>ゲ</u>（蓮華）」などの形で早くから見られる（奥村（1952））．撥音の特徴である鼻音と濁音の関係が深いことは，たとえば動詞音便形「ヨミテ（読みて）」と「ヨンデ」，「フミ（文）テ（手）」と「フデ」などの関係によってすでに知られているが，漢語の場合においても前接する漢字の韻尾が –m, –n, –ŋ の時に，その鼻音が後接字の頭子音に影響したと考えられている．漢語におけるこうした連濁は一時期にはかなり規則的に生じていたようで，m 韻尾や ŋ 韻尾に後接する濁音（「トウ<u>バ</u>ウ（東方）」「コム<u>ジ</u>キ（金色）」など）を指して「ウムの下濁る」（J. ロドリゲス『日本大文典』1604-1608）という諺も生まれた．

c. 連濁と語構造

　連濁を生じている複合語は，前部要素が後部要素を意味的に修飾する構造をもっている．一方，並列・対立構造をもつ複合語は連濁を生じない．

　　ヤマ<u>ガ</u>ワ（山の川）ーヤマカワ（山と川）

　　オ<u>ビ</u>レ（尾の鰭）ーオヒレ（尾と鰭）

連濁を生じる複合語は一般的に結合が強く，アクセントも平板型となる(ヤマガワ)．並列・対立構造をもつ場合は前部要素と後部要素の結合が相対的に弱く，したがっ

---

[3] Benjamin Smith Lyman が 1894 年にアメリカ東洋学会で発表したもの．小倉 (1910)，金田一 (1976) に詳しい．

て，連濁も生じず，アクセント型も前部要素のアクセントを生かしたものとなる（ヤマカワ）．連濁とアクセントのセットは「シロクロ（白か黒）」と「ナカグロ（中の黒，記号の「・」）」，「ヨミカキ（読むことと書くこと）」と「アトガキ（後に書く）」などにも観察することができる．

　また，3語からなる複合語では，左枝分かれ構造・右枝分かれ構造と連濁の有無が対応する場合がある（Otsu（1980），佐藤（1989））．たとえば，左枝分かれ構造「［ニセ＋ダヌキ］＋ジル」では第2要素のタヌキにも第3要素のシルにも連濁が生ずるが，右枝分かれ構造「ニセ［タヌキジル］」では第2要素に連濁が生じない．これによって左枝分かれ構造（［①②］③）では第1要素からと第2要素の結びつきが強いことが，また右枝分かれ構造（「①［②③］」）では第2要素と第3要素の結びつきが強いことがそれぞれ示される．

① 左枝分かれ構造：　［ホオジロ］ザメ・［メザマシ］ドケイ
② 右枝分かれ構造：　モン［シロチョウ］・ムラサキ［ツユクサ］

c. 連声

　唇内鼻音韻尾 -m，舌内鼻音韻尾 -n，舌内入声韻尾 -t を有する字音がア・ヤ・ワ行で始まる次の音節に続く場合に，その韻尾が次のア・ヤ・ワ行と結びついてマ行・ナ行・タ行の音節をなす現象を連声と言う（以下，字音の韻尾を示すためにアルファベットで簡略に発音を併記する）．

三位	sam-wi	→	サンミ	sam-mi
因縁	in-en	→	インネン	in-nen
陰陽	wom-yau	→	ヲンミャウ	wom-myau
屈惑	kut-waku	→	クッタク	kut-taku	＊「屈託」は後の当て字
雪隠	set-win	→	セッチン	set-tin

古くは源順『和名類聚抄』（10世紀）にも「浸淫瘡　心美佐宇（シミサウ）」という表記が見られ，「浸」の韻尾 -m が「淫」i- に続き〈連声〉を生じたことが知られる．

　連声は中世（鎌倉時代から室町時代）ごろに盛んに生じたとされる．ところで本来であれば「ヲンミャウ（陰陽）」と記されるべきところを，中世後期の資料ではヲンニャウ（『言国卿記』15世紀末-16世紀初頭，『羅葡日対訳辞書』1595）と記す例が見られる．これはこのころすでに -m が -n に合流していたことを示す．また入声韻尾のうち -t だけに連声が見られるのは，-p や -k がすでに開音節化していたためと考えてよいだろう．

漢語のみならず助詞「は」に続く連声「クヮウインナ（光陰は）」（世阿弥自筆能本15世紀）「コンニッタ（今日は）」「タイシェッタ（大切は）」（『日本大文典』17世紀初）もこのころ現れる．以後，連声は江戸時代以降も元禄ごろまでは存していたとされるが，とりわけ謡曲や平曲などの発音を重視した資料の連声はある種の読み癖として表記された可能性もあり，連声の表記をもってただちにその時代の発音であったと考えるには留保が必要である．

現代では上記に掲げた「三位」以下のほか，「ウンヌン（云々）」「カンノン（観音）」「ギンナン（銀杏）」「テンノウ（天皇）」「ハンノウ（反応）」など連声の痕跡を化石的に知ることができるのみである．

4.2.3 同化と異化
a. 同化とは

「（それは）アンマリ（だ）」「アンナニ（言ったのに）」「アングリ（と口を開ける）」の撥音「ン」を発音する時の口の動きを確かめると，これらに共通するのは鼻音という特徴のみであって，それぞれの調音点は異なっていることに気づく．

　　アンマリ（両唇鼻音）
　　アンナニ（歯茎鼻音）
　　アングリ（軟口蓋鼻音）

これらの「ン」の調音点はすべて後続する子音と同じである．つまり撥音の正体は，次の発音に備えて次の子音と同じ口の形を作りながら一拍の長さを保つ鼻音ということになる．このように隣接する音の影響を受けて，同じないし類似の音に変化することを同化（assimilation）という．

連声（「三位」sam-wi→sam-mi）も前項のm韻尾によって後項の頭子音が影響を受けたという点で同化と言える．また2.4.4項で「ウミノアメ（海の雨）」という1つのイントネーション句において，「アメ」のアクセントが弱化することを述べた．これは「ウミノ」で下降した音調が後続する「アメ」の音調に影響を与えた，と見ることもできるので同化と言えるだろう．

同化にはその方向によって順行同化（progressive assimilation）と逆行同化（regressive assimilation）がある．上記の連声やイントネーション句についての例は前部要素が後部要素に影響を与えるので順行同化，撥音の例は後続する子音が直前の撥音に影響を与えるので逆行同化といえる．なお，一般的に順行同化より逆行同化のほうが頻繁に生ずることが知られている．

b. ハ行転呼音と母音の無声化

現代において非語頭環境にハ行音をもつ語は,「はつはる(初春)」「あさひ(朝日)」のような複合語や,「はは(母)」「ほほ(頬)」などの特定の語彙のみである.これはかつてのハ行子音 ɸ (両唇無声摩擦音;ファと発音する時の子音音声)が非語頭環境で w (両唇有声摩擦音)に変化してしまったため,単純語では非語頭の ɸ が原則的になくなってしまったことを反映している.たとえば

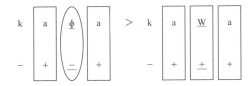

図 4.1 同化による子音の有声化(ハ行転呼音)

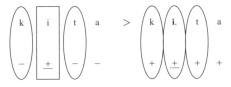

図 4.2 同化による母音の無声化

「かは(川)」はその歴史的仮名遣いに現れるようにかつてはハ行音であったが,kaɸa>kawa と変化した.11世紀初頭には生じていたとされるこの有名な変化はハ行転呼音と呼ばれている.ハ行転呼音は,音声学的には母音(有声音)に挟まれた両唇無声摩擦音が〈同化〉によって有声化したと解釈できる(図 4.1, 4.2 では有声音を +,無声音を - で示す).

ここで生じているのは無声子音の有声化である.これは,2.1.4 項「母音」の無声化で取り上げた現象と,無声/有声という関係では逆でありながら,同化という点では同じであると言える.母音の無声化では,無声音に挟まれた母音が同化によって無声化したと考えるわけである.

c. 音便に見られる同化

接続助詞「テ」が動詞連用形に接続する場合,撥音便になる時に限って「デ」になることが知られている.

シニテ(死)	sinite	>		シンデ	sinde
ヨミテ(読)	yomite	>	yomde	ヨンデ	yonde
トビテ(飛)	tobite	>	tomte	トンデ	tonde
ナキテ(鳴)	nakite	>		ナイテ	naite
モチテ(持)	motite	>		モッテ	motte

シンデ,ヨンデ,トンデの例は,母音 i が脱落したのち前接する n・m の鼻音の影響を受け,t が有声化して d となった.これは順行同化である.

なお撥音便 yonde の完成に至る前の段階に,yomite から母音 i が脱落し,t が

有声化した yomde という段階があった．青谿書屋本『土佐日記』に見られる「よむたる」「をむな」「つむたる」などはこの段階を表記したものと考えられている．yomde＞yonde は，両唇音 m が後続の舌歯音 d の影響を受け同じく舌歯音の n に変化したものであり，これはすなわち逆行同化であるといえる．

d. 非隣接環境に生じる〈同化〉

以上の例を通じて見てきた〈同化〉は隣接する環境に生じていた．しかし次の例も，間に母音や子音を挟んではいるが，後続音の特徴に影響を受けた逆行同化と考えることができる．

　　クビス（踵）kubisu ＞ キビス k<u>i</u>bisu ＊後続の母音 i に同化
　　ミラ（韮）mira ＞ ニラ <u>n</u>ira ＊後続の子音 r（舌歯音）に同化
　　ミナ（蜷）mina ＞ ニナ <u>n</u>ina ＊後続の子音 n に同化
　　ヒネモス（終日）hinemosu ＞ ヒメモス hi<u>m</u>emosu ＊後続の子音 m に同化

ここまでの同化例に共通して観察されるのは，語や句のまとまりが音的特徴の調和として現れているということである．そう考えれば 4.1.1 項で扱った母音調和も，音節相互を類似した音のグループに調整するという点で，音節を超えて生じた同化と捉えることができよう．

e. 異化とは

隣接あるいは近接した音の影響を受けて，一方が異なった音に変化することを異化（dissimilation）という（これは同化に対立する概念である）．異化は同化に比べてずっと少ない音声的現象である．

　　ナナカ（七日）nannaka ＞ ナノカ nanoka・ナヌカ nanuka
　　ナデル naderu ＞ ナゼル nazeru

上記は同音「ナナ-」の連続を避け第 2 拍の母音を u に，また調音法が類似した閉鎖音「ナデ-」の連続を避け第 2 拍の子音を摩擦音 z に，それぞれ変化させた例である．このほか，4.1.1 項で母音の連続を嫌う例としてあげた子音挿入も異化の一種といえるだろう．

f. 同化・異化の条件と制限

ところで同化は音声学的には発音の容易化と一応説明される．これに対して異化は同じ（あるいは類似した）音の連続は発音しにくいため，それを避けるために生ずるという．たとえば，確かに早口言葉は発音しにくい．類似した音の連続「ショシャザンノシャソウジョウ（書写山の社僧正）」に異化を「施し」て「ショカサンノシャコウジョウ（書家さんの社交場）」とすれば，格段に発音しやすくな

るだろう．しかし容易な発音ということであれば同化も同じであるから，ここに循環論法が生ずることになってしまう．同化も異化も音声学的な事象の説明を目指すものであるから，それで音の変化を全て説明することはできない．

先に触れたハ行転呼音の例外，「ハツハル（初春）」「アサヒ（朝日）」にみる非語頭のハ行音がワ行音にならないのは，形態素境界をハ行音で示すことで形態素の意味を明瞭にしたためである．また「ハハ（母）」はいったん「ハワ」となりはしたが，ほかの親族語彙「チチ」「ジジ」「ババ」がもつ繰り返しの形式との範列的な関係によって元の形に引き戻された（亀井他編（1966））．「ハツハル」「ハハ」の例ではともに同化が一定の条件で阻止されたわけである．

外来語「バグダッド（Baghdad）」が時に「バクダッド」と第2拍を無声音で実現することがあるのは，濁音の連続を避けた異化であるといえるだろう．濁音音節の連続は，複合語「デバ（出刃）」，同音の繰り返し「ババ」（親族語彙）「ドド」（オノマトペ）などのほかは外来語や漢語に限定的にみられるばかりで，和語の単純語には基本的に存在しない（森田（1977））．この場合の異化は日本語の音配列の制限を受けたものと捉えることができる．

このように音変化は同化，異化のみではなく，それがどんな条件で生じており，どんな制限を受けているかという観察をすることで，より合理的に解釈できるようになる．

4.2.4 脱落と添加

ここまでで見てきた音変化には，すでに〈脱落（loss）〉や〈添加（addition）〉に関わる現象が少なからず含まれていた．母音連続を避けるための母音脱落や子音挿入，ガ行合拗音の直音化（gwai＞gai）も唇音 w の脱落といえるだろうし，音便も現象としては母音や子音の脱落（撥音便 yomite＞yomde，イ音便 sakite＞saite，ウ音便 akakunaru＞akaunaru，促音便 tatite＞tatte）といえる．こうした例は枚挙にいとまがない．以下ではここまでに触れなかった個別的な現象について述べることとする．

a. ラ行音の脱落

ラ行音は音節そのものが脱落することがある．

  クスリシ（薬師）　＞　クスシ
  ツクリタ（造田）　＞　ツクダ（佃）
  カヘルテ（蛙手）　＞　カエデ（楓）

ツクリタ，カヘルテはラ行音が撥音化し，その上で後続音を濁音化し脱落したと見られる．ラ行音が撥音化するについては，現代語でもミルノ（見るの）＞ミンノのようにナ行に連なる環境でしばしば観察される．このほか，断定を表すデアルガルを脱落させた後にデア＞ヂャ，ダと変化したこともよく知られる事実である．過去を表す助動詞タリもリを脱落させてタとなった．

b. 語頭狭母音の脱落

語頭の狭母音（イ・ウ）の脱落は「竜の馬を　我は求めむ　あをによし　奈良の都に　来む人のたに」（『万葉集』巻2・808）に見られる（ウマ＞）マのように古くから観察されることである．

　　イマダ（未だ）　＞　マダ
　　イマイチド（今一度）　＞　マイチド
　　ウマ（馬）　＞　マ

語頭母音が脱落した結果，11世紀には次のような語頭濁音形が発生したことについては，4.1.1項でも触れた．

　　ウブチ（鞭）　＞　ブチ
　　イバラ・ウバラ（薔薇）　＞　バラ
　　イダク・ウダク（抱く）　＞　ダク
　　イヅコ（何処）　＞　ドコ

c. 長音の短音化

ラッキョウ（辣韭）—ラッキョのように語末の長音が短音化する現象も，広義の脱落と認められる．

　　オニンギョウ（お人形）　—　オニンギョ
　　シンコウ（新香）　—　シンコ
　　ビンボウ（貧乏）　—　ビンボ

江戸時代初期には長音の短音化がしばしば現れたようで，『かたこと』（1650年刊）には次のように短音形をたしなめるような記述がある．

　　一　流灌頂を　○ながれかんぢよ
　　一　臨終を　○りんじゆ
　　一　奔走を　○ほんそ

現代でも一部のカタカナ語に同様の現象が見られる．

　　コンピューター（computer）　—　コンピュータ
　　ブラウザー（browser）　—　ブラウザ

プリンター（printer） － プリンタ
モニター（monitor） － モニタ

d. 繰り返しの省略

タビビト（旅人） － タビト
カハハラ（川原） － カハラ
カハワッパ（河童） － カッパ

同音の音節が重出すると，一方が脱落するという現象を〈重音脱落（haplology）〉と呼ぶ．上記のカハワッパは方言にカーッパ・ガーッパ・カワッパなどの語形も存在する（『日本国語大辞典』）．このほか，類音が重出した場合の脱落では，サザレイシ（細石）ーザレイシ，キコシメス（聞し召す）ーコシメスなどがある．母音の脱落については，すでに触れたところではあるけれども，特に同じ母音が連続した場合に一方が脱落する傾向が認められる．

ナガアメ（長雨） － ナガメ
ミチノオク（陸奥） － ミチノク
マツウラ（松浦） － マツラ
ハヒイル（這ひ入る） － ハイル

現代においても，イインカイ（委員会）＞インカイ，タイイク（体育）＞タイクなどは日常的に聞かれるところである．

音節より大きな単位での繰り返しを省略する例では次のようなものがある．

カズカズ（の食べ物） ＞ オカズ
ツクヅクシ ＞ ツクシ
トリトリモチ ＞ トリモチ

e. 女房言葉

中世，宮中に仕えていた女房たちが用いていたある種の隠語を女房言葉と呼ぶ．女房言葉には，ナスビ（茄子）＞ナスのように語の一部を省略することによって作られた語が数多く含まれている．次の例では，省略した上で接頭語オが加えられている．

デンガク（田楽） － オデン
ハマグリ（蛤） － オハマ

また女房言葉には省略した上で語末にモジを添加する「文字言葉」があることもよく知られている．

イカ（烏賊） － イモジ

コイ（鯉）　―　コモジ
　　　シャクシ（杓子）　―　シャモジ
　　　スシ（鮨）　―　スモジ

f. 添　加

　語中のある位置に子音や母音が挿入される現象を〈添加(addition)〉と呼ぶ．〈添加〉は「ロシア」をかつて「オロシャ」と呼んだような個別例を除けば，母音連続や閉音節の回避など音配列の制約によって発生するものが多い．

　　　オミオツケ omiotuke　―　オミヨツケ omiyotuke
　　　バアイ（場合）baai　―　バヤイ bayai, バワイ bawai
　　　ニギアイ（賑い）nigiai　―　ニギワイ nigiwai
　　　ミアガレ（見上がれ）miagare　―　ミヤガレ miyagare

これらのなかには「バアイ」のように添加形から元の形に戻れる語もあれば，「ニギワイ」「ミヤガレ」のように語源意識を失って添加形でほぼ定着してしまったものもある．

g. 漢語に見られる「母音添加」形

　仮名で一拍相当の字音には二拍に伸ばした発音が時折見られる．「詩」「夫」「女」「露」はそれぞれ単独で読めば一拍であるのに，下記の漢語では二拍となる．

　　　シカ（詩歌）　―　シイカ
　　　ニョボウ（女房）　―　ニョウボウ
　　　ヒロ（披露）　―　ヒロウ
　　　フフ（夫婦）　―　フウフ

　これらは厳密には添加に該当しない．古代日本語では音節の長短を音韻論的に区別しなかったので「詩」の発音をシ/シイの両様に表記することもあったが，南北朝～室町時代には長短を区別するようになり，基本的に先に掲げた字音は1拍で実現するようになった．ところが特定の語については長音表記に引かれ慣用読みとして現代まで残ることになってしまった．その結果，まるで母音を添加したかのような形となった経緯がある．

4.2.5　その他の変化

a. 音転位

　2つの音が1つの単語の中で入れ替わることを〈音転位〉，〈音位転換(metathesis)〉などと呼ぶ．以下，金田一京助（1938）から語例をあげる（下線

部が音転位を生じた箇所).

アブラ（油）	abura	＞	アルバ	aruba
カラダ（体）	karada	＞	カダラ	kadara
コマゴメ（駒込）	komaŋome	＞	コガモメ	koŋamome
タマゴ（卵）	tamaŋo	＞	タガモ	taŋamo
チャガマ（茶釜）	tʃaŋama	＞	チャマガ	tʃamaŋa
ツゴモリ（晦）	tsuŋomori	＞	ツモゴリ	tsumoŋori
トダナ（戸棚）	todana	＞	トナダ	tonada
ヨモギ（蓬）	jomoŋi	＞	ヨゴミ	joŋomi

ここに見られる音転位の特徴は 2 つある．1 点目は音素レベルで音転位が生じているということである．アブラの例を見ると，音転位は子音の b と r に生じており，母音の u と a は動いていない．2 点目は類似した音の間に転位が生じているということである．b-r, r-d, m-ŋ, s-k, d-n と並べてみれば，有声音/無声音/鼻音同士，あるいは調音点が近い音同士であることがわかる．

金田一は意味の関与が疑われる転位は「純粋な音韻変化ではない」として，駒込の吉祥寺をもじった江戸の洒落「ちとキガモメ（気が揉め）の吉祥寺」のキガモメのような意図的な例を挙げている．このほか，音転位を生じた形のほうが定着した語として，次をあげている．

アラブル（荒ぶる）	araburu	＞	アバルル	abaruru
アラタシ（新し）	aratasi	＞	アタラシ	atarasi
サンザカ（山茶花）	sanzaka	＞	サザンカ	sazanka
タヨワメ（手弱女）	tajowame	＞	タヲヤメ	tawojame

ただしこれらは語源の不確かさや音変化の特徴からみた異例という点で，先に掲げた音転位と同列に扱ってよいか一定の保留が必要であろう（阪倉（1974））．近年用いられるフンイキ（雰囲気）＞フインキや，子どもに多く見られる言い間違いクスリ＞スクリ，エレベーター＞エベレーターなども音転位と認めない立場もある（上野（2014））．

b. 頭音転位

音転位は単語を超えて生ずる場合がある．発話の中で語頭音同士が（無意識に）入れ替わる現象を〈頭音転位（spoonerism）〉，〈頭音転換〉と呼ぶのがそれで，臨時的な言い間違いとして生ずる．『言語学大辞典　術語編』（三省堂）の項目には「本日のサゲハバ（下げ幅）」を「本日のハゲサバ」と言い間違える例が

紹介されている．これがspoonerismと呼ばれるのは，オックスフォードのNew Collegeの学長であったW. A. Spooner (1844-1930) がたびたびこの手の言い間違えを起こしたことによるという．

糸井監修（2004）には次のような言い間違えが載録されている（下線部が入れ替わった音）．

　　<u>シ</u>ャツと<u>パ</u>ンツ　―　<u>パ</u>ツと<u>シ</u>ャンツ
　　<u>ド</u>ライヤー<u>持</u>ってく？　―　<u>モ</u>ライヤー<u>ど</u>ってく？
　　<u>ア</u>サリの<u>さ</u>かむし（酒蒸）　―　<u>さ</u>かりの<u>あ</u>さむし
　　<u>ゴ</u>ールデン<u>よ</u>うが（洋画）劇場　―　<u>ヨ</u>ールデン<u>ご</u>うが劇場
　　<u>ジャパ</u>ネット<u>たか</u>た　―　<u>タカ</u>ネット<u>じゃぱ</u>た
　　クロネ<u>コ</u>ヤマ<u>ト</u>の宅急便　―　クロネ<u>ト</u>ヤマ<u>コ</u>の宅急便

上記が作例でないという前提だが，基本的に隣接する要素の対応する位置（要素頭/要素末）同士で入れ替えが生じていることがわかる．また頭音同士の転位ジャパータカの2拍単位での転位も生じている．ゆでたまごと粉ふきいもを作る調理実習の説明で，教員が「タマイモを準備してください」（ジャガイモとの潜在的な転位）といってしまったケースを見たことがある．

こうした単語を超えて生ずる転位については，語同士の距離や音声的な類似だけではなく，意味的な連想が働くことも多く（寺尾（2002）），どこまでを音韻変化と捉えてよいのか判断が難しい場合もある．

c. 類　推

以下では形態変化を扱う．〈類推（analogy）〉とは，他の規範的と捉えられる系列に倣うことを言う．たとえばアカ（赤），アオ（青），シロ（白）に対してアカイ，アオイ，シロイがあることに倣って，キイロイ，ピンクイが生ずるのは類推である．古代,動詞の活用語尾「〜る」に類推して漢語「料理（れうり）」からレウル,「〜く」に類推して「装束」からサウゾクが生まれたことは,現代において「野次る」「牛耳る」「アジる（＜agitation）」「コピる（＜copy）」「サボる（＜sabotage）」などの動詞があることからも理解されるだろう．

ハハ（母）＞ハワがさらにハハに戻ったのは，親族語彙チチ，ジジ，ババに類推したからであることは4.2.3項に述べた．

イヅコ，イヅレなどの語頭狭母音が脱落して疑問詞にドコ，ドレなどの語頭濁音系列が生まれると，本来は語頭清音であったタレ（誰）も，語頭濁音の系列への類推でダレへと変化（近世後期以降とされる）した．

d. 混淆

〈混淆 (contamination)〉とは 2 つの語の前部と後部を組み合わせて，以下のように新しい語を作ることを言う．

　　ト<u>ラエル</u>＋ツカ<u>マエル</u>　＞　トラマエル
　　<u>ハラウ</u>＋タ<u>タク</u>　＞　ハタク
　　<u>ヤブ</u>ル＋サ<u>ク</u>　＞　ヤブク
　　<u>ユ</u>ウ＋ム<u>スブ</u>　＞　ユスブ

このほか，商品名や流行語などの新造語に混淆を数多く見ることができる．

　　<u>アベシンゾウ</u>＋エコ<u>ノミクス</u>　＞　アベノミクス
　　<u>グラ</u>ビア＋アイ<u>ドル</u>　＞　グラドル
　　<u>ゴ</u>リラ＋ク<u>ジラ</u>　＞　ゴジラ
　　<u>バナ</u>ナ＋アッ<u>プル</u>　＞　バナップル
　　<u>ポ</u>テト＋ト<u>マト</u>　＞　ポマト

『日本言語地図』国立国語研究 (1966) の項目「42 おそろしい（恐ろしい）」を見ると，近畿地方一帯に「コワイ」，富山・石川に「オソロシイ」，両地域と接する形で岐阜・愛知に「オソガイ」が分布している．これはオソロシイ＋コワイ＞オソゴワイ＞オソガイへと変化したものと考えられ，言語地理学的に混淆が説明される例として知られている．

e. 民間語源

かつて日本で猛威を振るった伝染病コレラをコロリと呼ぶことがあった．それは高い致死率のために人がコロリと死ぬことからの連想が働いたためであった．こうした連想を〈民間語源 (folk etymology)〉という．

民間語源は方言に観察されることが多い．『日本言語地図』の項目「286　やのあさって(明明明後日)」と「285　しあさって(明明後日)」を比較すると，シアサッテを使う地点のなかにはその翌日をゴアサッテというところがある．ヤノアサッテを使う地点のなかにはその翌日をココノサッテというところがある．すなわちこれらの地点では「四アサッテ」とその翌日「五アサッテ」，「八ノアサッテ」とその翌日「九ノサッテ」という対で理解しているということにほかならない．

亀井ほか編 (1966) では，ウゴロモチ＞モグラモチ，アカガリ＞アカギレを紹介している．「うごもる」「うごもつ」とは土が盛り上がる意味で，ウゴロモチはそのウゴを形態素にもつ．しかし後世「土にもぐる」からの連想でモグラモチに語形を変えてしまった．アカガリは本来ア（足）＋カガリ（ひびが切れる）とい

う語構成であった．ところが皮膚にたまる垢（によって皮膚のコンディションが悪くなり切れ目ができる）との連想で，アカ＋ガリという語構成意識を経由して，アカギレが誕生した．このように本来の語構成と異なる解釈を行うことを異分析（meta-analysis）という．

f. 忌み言葉

　文化的に忌避すべき意味や不吉な意味を連想させる言葉や，同音の言葉を別の言葉に置き換えることがある．旅館の部屋番号に4，9を使わないのは同音のシ（死）やク（苦）を連想させるからである．祝宴などが終了することをお開きというのは，閉じるという言い方を避けたためである．この他，よく知られた例を以下にあげる．

　　アリノミ　―　梨のこと．ナシが（財産を）無くすことを連想させるため
　　アタル　―　ひげなどを剃刀で剃ること．ソルが（財産を）スルを連想させるため
　　ヨシ　―　アシ（葦）のこと．アシが悪シを連想させるため

4.3　その他の語形変化

4.3.1　音変化・語形変化の諸相 —— 音（韻）変化から語形交替までの術語

　広い意味での「語（形）の変化」には，種々の位相（諸側面毎の諸特徴）がある．そのため，関連する類似概念の術語に，「音変化」「音韻変化」「語形変化」「語形交替」「形態変化」などが使われている[4]．本節の「語形変化」はもっとも広義の内容ということになるが，初め術語について触れ，その後，「語義の介在する語形変化」「古形への回帰」その他について，取り上げる．

(1)　音変化（sound change, phonetic change）　広く音声にかかわる変化を指す．その意味では英訳のように"音声変化"の意である．音変化はほぼ「音韻変化」と同義とされる[5]．

(2)　音韻変化（sound change, phonetic change）　音変化と同義．専門辞典でも「音変化」「音韻変化」いずれかが使われる．まれに「音韻交替」とする記載もある．

---

4)　「変音現象」は言語学分野では定着していないが，社会（言語）学的視点（「現象」の使用にも現れている）からごく一部で使用される．主要専門辞典類には索引にすらあげられていない．唯一『新版日本語教育事典』だけが索引欄のみであげる．

5)　日本語学では「音声変化」はあまり使われない．

(3) **語形変化**　「語形の変化」を広く指し，一般用語的にも使用される．「音（韻）変化」から「形態変化」「形態法における変化」，さらに，諸事例をみると，「縮約・省略」の延長になる連語や慣用句における略語（「明けましておめでとう〜」＞アケオメ）まで含める場合も見られる．その意味では最も"緩い"用語である．

(4) **形態変化**（morphological change）　より厳密には「形態法における変化」．つまり，活用における変化をさす[6]．この「形態」は文法における形態論での「形態（法）」上の意である．4.2.1項の「動詞の活用型に見る母音交替」はこの「形態法の変化」に属す．

　[**音韻交替**]　音（韻）の変化（入れ替り）という意味で「子音交替」「母音交替」の総称として使用されることがある．日本語史の分野で使用されてきたが広義の「音変化」に包含される．

　[**語形交替**（「語形の変化」「語形の変遷」）]　「音（韻）変化」「語形変化」の意でも使われるが，さらに個別の単語単位での語の交替や変遷（アベック＞カップル）という視点で使われることがある．「語形交替」は主に共時的にいわれるが通時的にも使われる．通時的な視点から「語形の変化」（「語形の変遷」）ということもある．その場合，音の添加・融合等の現象から，ハンケチ＞ハンカチ類の音形の交替，語形の交替（スラックス＞パンツ），語形の変化（アボガド＞アボカド）までを広く表す傾向がある．

4.3.2　語義の介在する語形変化

　語形変化では，変化の前後の何らかの部分で意味の問題が介在することが少なくない．類義語でなくても，語形の一部が音声的に似ている感じると，その語との間で，意味的イメージが重なり，意味や語形に影響する場合はむしろ多いと見るべきかもしれない．そのような「類推」現象，イメージの重なりの有無を実証するのは，主観的な部分もかかわる意味の問題では難しい場合が少なくない．

a. 意味解釈が関わる語形変化の諸相

(1) **個々の通時的語形変化と諸要因**　意味の解釈が音変化・語形変化に影響を及ぼす事例には様々なパターンがある．現象として類似しているパターンは，後にあげる術語によっていくつかの観点から分類されているが，実際には複数の要因がかかわっていることが多いので，解釈や分類は単純なものではない．最初

---

[6]　専門的には接続法，屈折法，膠着法，孤立法などでの形態の変化．

4.3 その他の語形変化　　125

によく知られたわかりやすい事例をあげ，その後，現象ごとに取り上げてみる．
　[「布団を敷く」から「布団をヒク（引）」へ（シ・ヒの子音交替と語形交替）]
　方言や口語などに見られるシとヒの交替という音声的背景がまずあり（人＞シト，潮干狩り＞ヒオシガリ），加えて，布団を「引いて」床に広げる動作として意味的に連想（「類推」）することによって，敷クが引クへと変化した．1語というより連語として変化したともいえる．このように意味のみでなく何らかの音声的な条件も介在することが多い．よく取り上げられるものは，以下のような通時的なものがある．括弧内に簡単な説明を付しておく．

① アラタシ（新）＞アタラシ（「可惜」のアタラシの影響，音位転倒）
② シノフ（偲）＞シノブ（「忍」の意のシノブとの意味的類推，類音牽引）
③ オオケナサ（不相応←おほけなし＋さ）＞オオゲサナ（「大」＋「袈裟」という解釈，類音牽引・異分析）
④ イッショケンメイ（一所懸命）＞イッショウ〜（「一生」という解釈，部分的類音牽引）
⑤ アオニヒセ（青新背）＞アオニサイ（(幼い意の)「二才」の解釈）
⑥ ア（足）＋カガリ（ひび切れ）＞アカガリ＞アカギリ＞アカギレ（「垢」＋「切れ」という解釈，異分析）
⑦ 赤目＞アカンベエ（m-b交替と「兵衛」という語源俗解）
⑧ アヅキナシ＞アヂキナシ＞アヂケナイ（「味気」という解釈，母音交替・語源俗解）＞アジケナイ

このうち，アラタシ（新）は，語形が類似し意味的にも関連を連想し得る（「新しいもの」は「惜しい」）アタラシ（可惜）と混同されて音位転倒し，シノフ（偲）はシノブ（忍）と混同されて濁音化したと解釈されている．なお，過去における意味の介在の解釈であるので，アオニサイをはじめ語源や経緯の解釈には異説もある．

(2)　語源俗解（民間語源）（folk etymology，「民間語源」も参照）　語源俗解は，意味解釈が介在する類推変化でもある．俗語や方言に多い．
　① トラホーム（眼病のトラコーマのドイツ語読み，ムを目と解釈）＞トラホー目
　② 比丘尼（ビクニ）＞ビクニン（〜人と解釈）

(3)　異分析（ぎなた読み，弁慶読み）（metanalysis）　語形の切れ目の誤解から，本来の語構成とは異なる分析をしたために「語形」が変化することがある．「気球」は元は「軽気の入った球の意味」で「軽気・球」という意味的つながりであったが，

「軽」+「気球」と異分析され「気球」に変化した語形変化の例である．異分析は「ぎなた読み（弁慶読み）」とも言われた．「弁慶が薙刀を持って」と読むべきところを「弁慶がナ（間投助詞），ギナタを持って」と誤って区切ったことによる．

語句レベルで行われることあり，「とんでもございません」は形容詞「とんでもない」が「とんでも」+「ない」と異分析され，「ない」を丁寧表現「ません」に置換して生じた誤用であった（「おぼつかない」＞「おぼつきません」など）．

一般には歌詞の誤解などによく見られ，意味がわからないまま異分析を行っている場合もある．

① 「今こそ別れめ＞～別れ目（分かれの時？「縁の切れ目」などの目）」＝係り助詞コソによる意志の古典助動詞ムの已然形「め」，お別れしましょうの意味．
② （アニメの「巨人の星」主題歌歌詞）「思い込んだら＞重い"コンダーラ"」＝整地用ローラーの名称かと誤解．Wikipediaにも「整地ローラー」に記載される．

(4) 類音牽引（paronymic attraction）　意味が何らかの関連をもつ語の間で「音の類似化」が起こる現象．類音牽引は，語形が類似するだけで変化する場合もあるが，意味的に近似するものほど起こりやすい．

　　鉢かづき姫＞鉢かつぎ姫（という誤解）

古語「かづく」は頭の上まで物を覆う（被る，載せる，潜る）ようにする動詞であるので，古名「鉢かづき姫」が正しい名称であったが，後に「かつぐ（担）」と理解されてしまい「鉢かつぎ姫」と誤解された．

(5) 同音衝突（homonymic clash）　同音（類音）語形が生じ，かつ，それらが意味的に近接すると感じられる段階になると，意味的衝突（同音異義語の並存）による不便さを回避するため，片方ないし両方の語形が語形変化（ないし消滅）することがある．「同音衝突」は衝突も含めた変化現象を呼ぶ．

① ウバ（祖母，元オホバ（大母）の意のオウバ）という語形は，ウバ（乳母）の成立のため，意味的に近接する類音を回避して，ババ（祖母）へと変化したとされる．
② 南瓜（かぼちゃ）は当初ポルトガル語（abóbora）起源のアボーボラと呼ばれたが，蚊の幼虫ボーフラ（棒振り虫が語源）と「類音牽引」を生じてボーフラなどとなった結果，食べ物と虫とが「同音衝突」を起こしたため，同音を回避して語形をカボチャ（地名カンボジア起源）に変えた．

前者は，類音への微妙な変化であるので音変化・語形変化ともみなせる範疇で

あるが，後者は完全に別の語へ入れ替わった（語の交替）．
(6) **倒置**（inversion）　逆(ぎゃく)読み・逆さ読み・逆さ言葉，倒置語，倒語，倒言とも．意味を仲間以外に隠す目的で，意図的に語形を変化させる現象がある．語形を逆にしたり，一部を前後入れ替えて作り出すことをいう．元の意味を他人に知られないようにする意識（婉曲化，蠟化効果）や，意味やニュアンスを敢えて特定の内容に特化させようとする意図をもつという点でも，意味に関わる変化と言えよう．特に仲間内の表現や隠語などで多い．

　　種＞ネタ，札＞ダフ（屋），これ＞レコ，宿＞ドヤ（街），場所＞ショバ（代を払う）

音節単位での倒置も多く見られる．

　　ハワイ＞ワイハ，女＞ナオン，貧乏＞ボンビー，美味い＞「まいう～！」

b. 語義がかかわる音韻交替と語形派生

　語形変化でも語の派生，特に類義語派生，文法的機能語派生において，語義が深くかかわっている現象が指摘できる．これらは通常，語形変化の範疇では注目されてこなかったものであるが，日本語の語彙派生において注視し，体系的に位置付けておくべき現象である．

(1) **音韻交替（母音交替・子音交替）**（「音韻相通」観念）　古代語では，語義の類似する語を生み出すために，母音（子音）変えて語形を変化させ，意味をも分化させて語彙を増やしてきたという特徴がある．別の角度から言えば，語義を分化させるために音韻交替という語形変化を利用した現象である．

[**母音交替**]　日本語では，母音の交替による派生語形成に次のような語形変化の事例が多く見られる．

① k-t-：（言の端）コト事―コト言（葉）―カタ・ル語―クチ口―クツ・ワ轡（＝口＋輪）
② k-s-：（嗅覚）クサイ臭―クサル腐る–クソ糞
③ k-r-：（視覚―暗黒）クライ暗―クロ黒―クレル暮―クリ涅（黒土）
④ t-m-：（集積）ツモル積―タマル貯溜―ツマル詰―トマル留―トム富
⑤ n-：（聴覚）ナ名―ノル告―ナル鳴―ナク泣鳴―ネ音―ナリ助動詞（音(ね)＋アリとも）
⑥ m-：（視覚）メ目―マ目―ミル見―モル守―ムク向―メズ愛―メリ助動詞（目・見＋アリによる）
⑦ t-t-：（親族語彙）チチ―トト父

⑧ an-： （親族語彙）アニ an・i 兄―アネ an・e 姉

これらは通常は派生という範疇で扱われるが，別の見方をすれば，母音交替という「音変化」によって類義語を増やしてきたということでもある．この現象は，古くは「五韻相通」「音韻相通」などの名称で把握され，語源解釈などに援用されてきた（「相通」は言わば古代的言語変化観である）．

[オノマトペ]　次のような例も，この母音交替による二重語（doublet）や多重語であり，同例である．

① ガタガタ―ゴトゴト―グタグタ―ゴタゴタ （g-t-）
② サラサラ―スルスル―スラスラ―ソロソロ （s-r-）

[子音交替]　子音を交替させる派生法もある．

　有声化（濁音化）：　チチ父―ヂヂ爺・ハハ母―ババ婆（有声化による派生）

母音交替のところに挙げたような品詞を超える例を語形変化と呼ぶのには違和感もあろうが，古代では，多くの基本的語彙が品詞を越えて語義と形態でつながって派生し，しかもその多くが今に至る基礎語として定着した．

(3)　語義分化と語形並存「二重語（doublet）・多重語」　　音韻交替ではないが，「をみな（女）」から音便によって「オンナ（女）・オウナ（嫗）」が分化し並存するような事例がある．並存する語形は「二重語（doublet）・多重語」と呼ばれる．アハレの促音化によるアッパレとの共存，漢字音では「石灰・漆喰（石灰の唐音で定着）」「うどん―ワンタン（饂飩・雲呑）」の共存があり，音声現象による語形変化とそれに連動した意味分化とが密接にかかわっている類似現象である．

① あわれ（あはれ優美・典雅）―あっぱれ―憐れ（哀れ）―「あは！」体験（アハレは感動詞のアハ（＜古形アバ）と同源）
② こうむる（＜かがふる）―かぶる（一冠(かんむり)）
　「かがふる」のウ音便形「かうぶる」から「かうむる」，また，撥音便形「＊かんぶる」からのンの脱落が「かぶる」．「冠」は名詞形「かがふり」に由来する．

また，多少異なるが，「同語源語」が音形を異としたために意味分化することになった語形並存現象という点では，グラス・ガラス＜glass，カップ・コップ＜cup，マシン・ミシン＜machine も類似する．これらの外来語の例は借用段階に「語形の分化（二重化・多重化）」と「語義の狭義化」を同時的に発生させた例が多い．以下にやや広くあげておく．

① アイロン―アイアン＜iron：　鉄と道具名に特定化．

② セカンドーセコンド＜second： 野球用語とボクシング用語．
③ ストライクーストライキ＜strike： 前者は野球やボウリングの用語など．
これらのほか，広くとらえるなら，以下もこれらに属することになる．
④ カード–歌留多（かるた）－カルテーチャートー（ア・ラ・）カルト（メニュー）
⑤ ゴムーガムーグミ
⑥ 襦袢（ポルトガル語 gibão）－ズボンージャンパー
⑦ サイクルーサークルーチャクラーホイール

(4) 音韻交替と文法機能分化（状態と動作，意図と自然）　音韻交替という現象が，文法機能の分化と派生に関係して機能していた段階が認められる．

[摩擦・破擦－流音・鼻音（意図性－自然性非意図性）]　完了の助動詞「つ」は主体の意図・作為によって発生した（ととらえられた）事態の成立，完了の「ぬ」は主体の変化や自然に発生した（ととらえられた）事態の成立を表す．これら「つ」「ぬ」と，助動詞「(ら) る」「(さ) す」とには，自然的発生か意図的発生かによる現象把握の体系性が認められ，それらの接続する動詞（〔　〕内）の意味も原則その使い分けに沿っている．一方，各発音には「摩擦・破擦（破裂）⇔流音・鼻音（非閉鎖系）」で対応性が認められ，これらは意味と音声に相関性がうかがえる．

① 摩擦・破裂：　意図的発生系　(さ) す/つ　〔動詞例：言ふ，暮らす，返す，隠す，渡す〕
② 流音・鼻音：　自然的発生系　(ら) る/ぬ　〔動詞例：成る，老ゆ，過ぐ，忘る，帰る〕

[破裂音－鼻音交替語形]　破裂音と鼻音の間の交替によって文法的機能も分化

表4.4　「破裂音－鼻音」交替語形

語基対応		破裂音	──鼻音
○語彙	t-n	taka-（高，垂直卓立） （高い，高める，矜ぶる）	──naga-（長・流，水平平準） （長い，流す，流れる）
	t-n	taku（長・闌・猛く＞たける） （縦方向，目立つ方向への卓立）	──nagu（薙ぐ，投ぐ＞投げる） （横方向）
	t-n	tobu（跳／飛ぶ）	──nobu（延・伸ぶ）
	t-n	tatu（立/起／発つ）	──nosu（延・伸す）
○文法			
助動詞	t-n	tu（助動詞完了ツ，意志的動詞に）	──nu（助動詞完了ヌ，無意志的動詞に）
助詞*	t-n	tu（属格助詞ツ，解釈叙述）	──no・na（属格助詞ノ・ナ，実態描写）

＊（ツの上接語は下接語の属する場所や性情を意識的解釈に基づいて修飾する《遠ツ人・天ツ罪》が，一方，ナの下接語は上接語の一部分であるという実態を静的に描写する《手ナ末，水ナ処（港）》）

した語群がある．同じ調音点での子音の相違で語義分化をなした事例である（安部（2016））．これらのすべてに共通する意味的要素を定義するのは容易ではないが，呼気を口腔からより強く発声させる t の破裂音語彙の方に（柔らかく感じる鼻音に比して），《外界》への強く明確な意義素性（意図性・卓立性）を見出すことが可能である．

4.3.3　古形への回帰
　元の語形に戻る現象は「回帰」と呼ばれる．何らかの解釈や判断（語源や正否など）が加わったといえる点で，広義には意味（解釈）もかかわっている「回帰」現象に，以下のような語形変化がある．

(1)　古形回帰　　m＞b（b＞m）交替は歴史的に多いが，次の例は，再び古い語形の方へ回帰したものがある．
　① トモス＞(中古)トボス＞トモス（灯），マモル＞(中古)マボル＞マモル（守），ヒモ＞(中古)ヒボ＞ヒモ（紐）（山口（1985））
　② ハグクム＞ハゴクム＞ハグクム・ヒネモス＞ヒメモス＞ヒネモス　（前田（1985））

　これらは歴史的な古形への回帰なのか，2つの語形がある時期までは位相・文体・地域を異にして併存していて，その何らかの優劣の差が書き言葉上で前の時代への回帰のように現れたことによる，いわば「見せかけの回帰」現象なのかが未詳のものもある．

(2)　過剰修正・誤れる回帰（hypercorrection）　　語形（時に語法・発音など）を，それが正しいにもかかわらず，社会的に権威ある言語（標準語やその地域の規範的語法など）を基準にして誤用であると誤解し，正しくないものに語形変化させることをいう．「民間語源」や「類推」がかかわることが多い．
　① セやゼをシェやジェと発音することがある方言（九州）では，「ジェという発音は訛りで標準語ではゼに直さなければならない」という誤った修正（回帰）意識が生じ，JR を標準語のつもりでゼイアールと発音する．
　② 北海道方言ではキャベツをカイベツと言うが，これも，大根をデァーコンに訛るのと同類の訛音と誤解し，誤ってキャをカイに（[Cja] 音を [Cai]（C＝子音）に）修正してしまった．

4.3.4 言葉遊び・修辞法による語形変化

音声現象とは少し離れた言葉遊び的側面からの語形変化の一部紹介する．諧謔を目的とした「意図的」語形変化が多い．

(1) 逆さ言葉・逆さ読み・倒置語・逆さ書き（reverse-spelling）　「ロクブテ」と聞いて，6回叩く遊び言葉とわかる人は多いだろう．「倒置」で取り上げた逆さ言葉の類である．

① 「手袋を逆さに言って見て！」「ロ・ク・ブ・テ？」（六（回）打（ぶ）て（叩け）！）と言わせる遊び．）

隠語に限らず，言葉遊びの世界では，このような意図的逆さ言葉はよく利用される技法でもある．

② 「dioretsa」（小惑星の名）　初めて見つかった逆行小惑星に，"asteroid"（小惑星の意）の綴りを「逆さ書き（reverse-spelling）」させた名前がつけられた．

音が部分的に転倒する「音転位」（語音転換）や「頭音転位（spoonerism, スプーナリズム）」（「テッコンキンクリート」）とは異なる．隠語の類でもあるが，かつて「ズージャ語」（ジャズの倒置語．例，トーシロ＝素人）とも呼ばれた類のものも，ある意味では仲間内の言葉遊び的なものである．

(2) マラプロピズム（malapropism, 誤用語法）　ある言葉を，喜劇的な効果のため，意図的に似た響き（音形）をもった別の間違った語形に換える文学的修辞技法の一つ．語の間違った使用や乱用の類とも似るが，単なる言い間違いから生まれても，流行語のように受入れられて定着していく場合も見られる．術語名の語源は，戯曲『恋がたき』（The Rivals, 1775 年）の登場人物で言い間違いが多いマラプロップ夫人（Mrs. Malaprop）に由来する名称である．漫画・落語・漫談などでもネタとして盛んに使われる．

① 『狂気の沙汰も金次第』（「地獄の沙汰も金次第」の転）
② （「クレヨンしんちゃん」から）「へい，そこの彼女．きみはまるでさなぎのボーナスだね．」（さなぎ－なぎさ，ボーナス－ビーナス）
③ センタッキー・フライドチキン（「ケンタッキー・フライドチキン」のケンタッキーと洗濯機の響きを

図 4.3 「さなぎのボーナス」（『双葉文庫名作シリーズ　クレヨンしんちゃん【5】』（© 臼井儀人，双葉社，1999）p.178）

掛けて）

　音変化，語形変化を一応一般的な解釈ないし分類によって，上記のように説明した．一方，一つ一つの音声的側面も変化理由の解釈も，実際にはかなり多面性をもち，複雑であることが多いのが実態である．

(3)　**地口**（駄洒落・おやじギャグ）　語形を意図的に変化（変形）させる事例を，言葉遊びとしてもう一つあげておく．

　「蟻が十匹」「着た切り娘（雀）」という語句（表現）があるが，私たちは，これらが各々「あり（蟻）がとう（十）」「舌切り雀」を変化させた（もじった）造語と知っている．一種の言葉遊び的表現である．ほかに知られたものでは，「すみま千円」（＜すみません），「早起きは３分の損」（＜早起きは三文の徳），「花より男子」（＜団子）などもある．

　言葉の響きの類似性やリズムの面白さ，あるいはまた，意味の「ずらし」によるイメージの広がり・重なりから来る諧謔などを意図した，広い意味での語形・表現の変形の類である．これらのようないわゆる言葉遊びは，近世に「地口」とも呼ばれたもので，今で言えば駄洒落や，近年のおやじギャグの類にも近い（「洒落」に近いともいえるが，「気の利いた」とか「警句的」などの機智の要素で差がある）．地口と呼ばれる類では，駄洒落・洒落よりも比較的長い表現を指すことが多く，長いものは語形の変化・変形というよりは，表現の修辞的遊戯（言葉遊び）の類といえよう．

　かつてはよく聞かれた「美味かった（馬勝った），牛負けた」「恐れ入谷の鬼子母神」（「恐れ入りました」と「入谷の鬼子母神」）や，映画「男はつらいよ」の寅さんのセリフにも見られる「結構毛だらけ猫灰だらけ」「見上げたもんだよ，屋根屋のふんどし」もこの地口である．

　この“語形変形的修辞遊戯”である地口は，落語の落ちの一パターンとされる「地口落ち」に今も生きている．「三方一両損」では，大岡越前守が裁きの後で皆に食事を出すが，ガツガツ食う一同を越前守が咎めると，食っていた者が最後の一言「なあに，多カァ（大岡）食わねえ」「たった一膳（越前）」．

参 考 文 献

朝日新聞社　（1999）『鼻に抜けなくなった「ガギグゲゴ」』朝日新聞社.
安部清哉（2013）「日本語およびアジア言語における『南北方言境界線』から見たインド・ヨーロッパ語族二大分派 Cetum-Satem の境界線」東洋文化研究 **15**.
安部清哉　（2016）「音韻交代と文法的機能分化・意味分化」学習院大学文学部研究年報 **62**.
荒井隆行・菅原勉監訳, ケント, R. D.・リード, C. 著　（1996）『音声の音響分析』海文堂.
有坂秀世　（1931）「国語にあらはれる一種の母音交替について」音声の研究 **4**.
有坂秀世　（1934）「古代日本語に於ける音節結合の法則」国語と国文学 **11**-1.
池上禎造　（1932）「古事記に於ける仮名『毛・母』に就いて」国語と国文学 **2**-10.
糸井重里監　（2004）『言いまつがい』東京糸井重里事務所.
井上史雄　（1997）「イントネーションの社会性」（『日本語音声 2　アクセント・イントネーション・リズムとポーズ』杉藤美代子監　所収）三省堂.
猪塚恵美子・猪塚元　（2003）『日本語教師トレーニングマニュアル①　日本語の音声入門　解説と演習〈全面改訂版〉』バベルプレス.
上野善道　（1989a）「日本語のアクセント」（『講座日本語と日本語教育 2　日本語の音声・音韻（上）』杉藤美代子編　所収）明治書院.
上野善道ほか　（1989b）「音韻総覧」（『日本方言大辞典　下巻』尚学図書編　所収）小学館.
上野善道　（2002）「アクセント記述の方法」（『現代日本語講座　第 3 巻　発音』飛田良文・佐藤武義編　所収）明治書院.
上野善道（2014）「フンイキ＞フインキの変化から音転位について考える」（『生活語の世界』（北海道方言研究会 40 周年記念論文集）小野米一ほか編　所収）北海道方言研究会.
NHK 放送文化研究所編　（1998）『NHK 日本語発音アクセント辞典　新版』日本放送出版協会.
NHK 放送文化研究所編（2016）『日本語発音アクセント新辞典』NHK 出版.
Otsu, Y. (1980) "Some Aspects of Rendaku in Japanese and Related Problems" In : Otsu, Y. and Farmer A. (eds.), *Theoretical Issues in Japanese Linguistics* MIT Working Papers in Linguistics 2.
大野　晋　（1953）「日本語の動詞の活用形の起源について」国語と国文学 **30**-6.
沖森卓也　（2010）『はじめて読む　日本語の歴史』ベレ出版.
沖森卓也編　（2010）『日本語ライブラリー　日本語概説』朝倉書店.
沖森卓也ほか　（2006）『図解日本語』三省堂.
奥村三雄　（1952）「字音の連濁について」国語と国文学 **21**-5.
小倉進平　（1910a）「ライマン氏の連濁論（上）」國學院雜誌 **16**-7.
小倉進平　（1910b）「ライマン氏の連濁論（下）」國學院雜誌 **16**-8.
小栗左多里・トニー・ラズロ（2005）『ダーリンの頭ン中　英語と語学』メディアファクトリー.

加藤知己・倉島節尚　(1998)　『幕末の日本語研究　S.R. ブラウン　会話日本語　複製と翻訳・研究』　三省堂.
加藤正信　(1977)　「方言区画論」(『岩波講座日本語 11 方言』所収)　岩波書店.
亀井孝ほか編　(1966)　『日本語の歴史〈別巻〉言語史研究入門』　平凡社.
川上蓁　(1977)　『日本語音声概説』　おうふう.
木田章義編　(2013)　『国語史を学ぶ人のために』　世界思想社.
北原保雄監・上野善道編　(2003)　『朝倉日本語講座 3　音声・音韻』　朝倉書店.
木部暢子　(1999)　「方言音声・アクセントの現在」(『展望　現代の方言』真田信治編著　所収)　白帝社.
木部暢子　(2010)　「イントネーションの地域差－質問文のイントネーション」(『方言の発見－知られざる地域差を知る』小林隆・篠崎晃一編　所収)　ひつじ書房.
木部暢子　(2012)　「2 型アクセント－鹿児島方言」(『日本語アクセント入門』松森晶子ほか著　所収)　三省堂.
木部暢子　(2013)　「イントネーションの地域差」(『方言学入門』木部暢子・竹田晃子・田中ゆかり・日高水穂・三井はるみ編著所収)　三省堂.
木部暢子　(2014a)　「アクセント史」(『日本語大事典（上）』佐藤武義・前田富祺編集代表　所収)　朝倉書店.
木部暢子　(2014b)　「一型アクセント」(『日本語大事典（上）』佐藤武義・前田富祺編集代表　所収)　朝倉書店.
木部暢子　(2014c)　「方言のアクセント」(『日本語大事典（下）』佐藤武義・前田富祺編集代表　所収)　朝倉書店.
金田一京助　(1938)　『新訂増補版　国語音韻論』　刀江書院.
金田一春彦　(1937)　「現代諸方言の比較から観た平安朝アクセント」『方言』7-6.
金田一春彦　(1953)　「音韻」(『日本方言学』東条操編　所収)　吉川弘文館.
金田一春彦　(1964)　「私の方言区画」(『日本の方言区画』東条操監・日本方言研究会編　所収)　東京堂.
金田一春彦　(1976)　「連濁の解」 Sophia Linguistica 2.
金田一春彦　(1990)　「音韻」(『日本方言研究の歩み－論文編－』日本方言研究会編　所収)　角川書店.
金田一春彦監修・秋永一枝編　(1981)　『明解日本語アクセント辞典　第 2 版』　三省堂.
金田一春彦監修・秋永一枝編　(2001)　『新明解日本語アクセント辞典』　三省堂.
金田一春彦監修・秋永一枝編　(2010)　『新明解日本語アクセント辞典　第 2 版』　三省堂.
金田一春彦監修・三省堂編集所編　(1958)『明解日本語アクセント辞典』三省堂.
金田一春彦・林大・柴田武編集代表　(1988)　『日本語百科大事典』　大修館書店.
郡　史郎　(2003)　「イントネーション」(『朝倉日本語講座 3　音声・音韻』　所収)　朝倉書店.
郡　史郎　(1997)　「日本語とイントネーション」(『日本語音声 2：アクセント・イントネーション・リズムとポーズ』杉藤美代子監所収)　三省堂.
窪薗晴夫　(1997)　「アクセント・イントネーション構造と文法」(『日本語音声 2：アクセント・イントネーション・リズムとポーズ』杉藤美代子監　所収)　三省堂.
国語学会編　(1955)　『国語学辞典』　東京堂.
国語学会編　(1960)　『国語学大辞典』　東京堂.

参　考　文　献

国語調査委員会編　（1905）　『音韻調査報告書』（復刻版は国書刊行会 1986 年刊）　日本書籍．
国語調査委員会編　（1905）　『音韻分布図』（復刻版は国書刊行会 1986 年刊）　日本書籍．
国立国語研究所編　（1966）　『日本言語地図 1』（縮刷版は 1981 年刊）　大蔵省印刷局．
小松英雄　（1956）　「日本字音における唇内入声韻尾の促音化と舌内入声音への合流過程」　国語学 25．
小松英雄　（1981）　『日本語の世界 7　日本語の音韻』　中央公論社．
斎藤純男　（2006）　『日本語音声学入門　改訂版』　三省堂．
阪倉篤義　（1974）　「「あらたし」から「あたらし」へ」　語文 **32**．
定延利之編　（2012）　『私たちの日本語』　朝倉書店．
佐藤久美子　（2013）　『小林方言とトルコ語のプロソディ――一型アクセント言語の共通点―』（九州大学人文学叢書 3）　九州大学出版会．
佐藤大和　（1989）　「複合語におけるアクセント規則と連濁規則」（『講座日本語と日本語教育 2　日本語の音声・音韻（上）』杉藤美代子監　所収）　明治書院．
佐藤亮一監・小学館辞典編集部編　（2002）　『お国ことばを知る　方言の地図帳』　小学館．
柴田武・柴田里程　（1990）　「アクセントは同音語をどの程度弁別しうるか―日本語・英語・中国語の場合―」計量国語学 **17-7**．
尚学図書編　（1989）　『日本方言大辞典』全 3 巻　小学館．
城生伯太郎　（2012）　『日本語教育の音声』　勉誠出版．
城生伯太郎・福盛貴弘・斎藤純男　（2011）　『音声学基本事典』　勉誠出版．
ステファノ・フォン・ロー文・トルステン・クロケンブリンクイラスト・岩田明子ほか日本語監　（2008）　『小さい"つ"が消えた日』　三修社．
田中ゆかり　（1993）　「「とびはねイントネーション」の採用とそのイメージ」（『日本方言研究会第 56 回研究発表会発表原稿集』所収．
田中ゆかり　（2010）　『首都圏しておける言語動態の研究』笠間書院．
寺尾　康　（2002）　『〈もっと知りたい！日本語〉　言い間違いはどうして起こる？』　岩波書店．
中井幸比古　（2005）　「単語アクセント」（『音声研究入門』今石元久編　所収）　和泉書院．
中井幸比古　（2012）　「声調のある方言」（『日本語アクセント入門』　松森晶子ほか著　所収）　三省堂．
西岡敏著　（2013）　「「沖縄語」概説」（『琉球諸語の復興』沖縄大学地域研究所編　所収）　芙蓉書房出版．
日本音声学会編　（1976）　『音聲學大辭典』　三修社．
沼本克明　（1986）　『国語学叢書 10　日本漢字音の歴史』　東京堂出版．
林　大　（1957）　「語彙」（『講座現代国語学 II　ことばの体系』所収）　筑摩書房．
林　史典　（1963）　「呉音系字音における舌内入声音のかな表記について」　国語学 122．
早田輝洋　（1999）　『音調のタイポロジー』　大修館書店．
平山輝男　（1990）　「アクセント」（『日本方言研究の歩み―論文編―』日本方言研究会編　所収）　角川書店．
福盛貴弘　（2010）　『基礎からの日本語音声学』　東京堂出版．
文化庁　（2012）　「国語に関する世論調査」の結果について　http://www.bunka.go.jp/tokei_hakusho_shuppan/tokeichosa/kokugo_yoronchosa/pdf/h24_chosa_kekka.pdf
前田富祺　（1985）　『国語語彙史研究』　有精堂．

馬瀬良雄　（2003）　『信州のことば―21世紀への文化遺産―』　信濃毎日新聞社.
町田健編　（2003）　『シリーズ・日本語のしくみを探る②　日本語音声学のしくみ』　研究社.
松崎寛・河野俊之　（1988）　『日本語教師・分野別マスターシリーズ　よくわかる音声』　アルク.
松森晶子　（2011）　「日本語のアクセント」（『音声学基本事典』城生佰太郎・福盛貴弘・斎藤純男編著　所収）　勉誠出版.
松森晶子　（2012a）　「助詞のアクセントと句音調」（『日本語アクセント入門』　松森晶子ほか著　所収）　三省堂.
松森晶子　（2012b）　「3型アクセント－隠岐島の方言」（『日本語アクセント入門』　松森晶子ほか著　所収）　三省堂.
松森晶子　（2012c）　『洋学資料と近代日本語の研究』　東京堂出版.
松森晶子ほか　（2012）　『日本語アクセント入門』　三省堂.
馬渕和夫　（1971）　『日本文法新書　上代のことば』　至文堂.
三井はるみ・井上文子　（2007）　「方言データベースの作成と利用」（『シリーズ方言学4　方言学の技法』　小西いずみほか著　所収）　岩波書店.
三原裕子　（2009）　「鼻濁音とは何か」（『みんなの日本語事典』　中山緑朗ほか編所収）　明治書院.
森下喜一　（2004）　「総論」（『日本のことばシリーズ9　栃木県のことば』　森下喜一編　平山輝男編者代表　所収）　明治書院.
森田　武　（1977）　「日葡辞書に見える語音連結上の一傾向」　国語学 **108**.
山口幸洋　（1998）　『日本語方言一型アクセントの研究』　ひつじ書房.
山口佳紀　（1985）　『古代日本語文法の成立の研究』　有精堂.
山田敏弘　（2007）　『国語教師が知っておきたい日本語音声・音声言語』　くろしお出版.
湯澤質幸・松崎寛　（2004）　『シリーズ日本語探究法3　音声・音韻探究法―日本語音声へのいざない―』　朝倉書店.

索　引

■ア　行

曖昧アクセント　74
上がり目　43, 70
アクセント
　——の型　43
　——の資料　94
　——の滝　17
　——の歴史　93
アクセント類別語彙表　67
アクセント核　17, 44, 70
アクセント型　43
頭高型アクセント　44
後舌　4,
後舌母音　9,
誤れる回帰　105, 130
有坂・池上法則　77, 82, 101
有坂秀世　12

イェスペルセン　13
異音　13
異化　113, 115
1型アクセント　73
異分析　123, 125
忌み言葉　123
入りわたり　7
インテンシティー　18
咽頭　3
咽頭音　7
咽頭腔　3
咽頭壁　4
イントネーション　18
韻尾　104

上歯茎　4

浮き上がり調　56
ウムの下濁る　111
裏日本式方言　58

枝分かれ構造　55
江戸語　89
円唇母音　9, 20

奥舌　4
尾高1型アクセント　73
尾高型アクセント　44
乙類　100
表日本式方言　58
音韻　12, 20, 27, 76
音韻交替　124, 127
音韻相通　127
『音韻調査報告書』　58
音韻的音節　14
『音韻分布図』　58
音韻変化　123
音韻論　12
音響音声学　2
音声　2, 20
音声学　2
音声器官　3
音声的音節　13
音節　36, 76
音節結合の法則　82
音素　11, 27
音調　15
音転移　119
音波　1
音配列の制限　99, 101
音変化　99, 123

■カ　行

開音　61
開音節　15, 39, 77, 98
開音節化　86, 111
開合　62
　——の区別　62
外破音　14
介母　104
外来語　35, 99
カ行合拗音　104
ガ行子音　60
ガ行鼻音　32
楽音　2
過剰修正　130
硬口蓋　4
硬口蓋音　7
硬口蓋化　10, 37
かぶせ音素　12, 17
上方語　89
漢語　99
漢語サ変動詞　105
漢字音　103
漢字音語　86
『漢字三音考』　67

聞こえ　13
ぎなた読み　125
起伏型アクセント　44
疑問詞　51
疑問文　52
逆行同化　28, 113
吸気　5
吸着音　5
強勢アクセント　16, 41

強度強調　19
気流　5

句音調　44
口むろ　3, 4
句頭の上昇　53
グラモン　14
クルトネ　12

形態変化　124
京阪式アクセント　70, 71
形容詞　49
形容動詞　51
言語音　2
現代共通語アクセント　42

口音　3, 7
合音　61
口蓋　4
口蓋化　11, 37
口蓋垂　4
口蓋垂音　7
口蓋帆　4
高起式アクセント　71
高低アクセント　16, 41
喉頭　3
喉頭音　63
喉頭化　63
喉頭蓋　3
喉頭気流機構　5
後部歯茎音　7
高母音　20
合拗音　62
甲類　100
声　3
語音構造　79
呼気　5
語義分化　128
国語調査委員会　58
国際音声記号　5
国際音声字母　5

国立国語研究所　58
語形　99
古形回帰　130
語形交代　124
語形並存　128
語形変化　124
語源俗解　125
『古事記』　66
語種　76, 99
五十音　26
語声調　71
古代　95
誇張の強調　19
言葉遊び　130
固有名詞　45
混淆　122

■サ　行
最小対　11
逆さ書き　131
逆さ言葉　131
逆さ読み　131
下がり目　43, 70, 71
下げ核　70, 71
下げ核アクセント　70, 74
雑音　2
薩隅式方言　58
3型アクセント　73

子音　5, 22
　　――の分類　6
子音（肺気流）　7
子音（肺気流以外）　8
子音交替　106, 127, 128
子音挿入　81
歯音　6
地口　130
指示詞　51
ジージー弁　59, 61
四声　66, 93
四声点　66

自然下降　53
持続部　7
舌　4
舌打ち音　5
舌先　4
舌端　4
柴田武　15
自由異音　13, 26
重音脱落　118
修辞法　130
自由変異　107
順行同化　30, 113
畳韻　102
条件異音　13, 26
条件変異　108
上昇式　71
上代特殊仮名遣　78, 100, 107
声点　66, 93
声符　66
助詞　51
ジョーンズ　12
シラビーム　15
シラビーム構造　76
尻上がりイントネーション　56
唇音化　10
唇歯音　6

数詞　51
ズーズー弁　59, 61
ストレスアクセント　16

姓　46
清音　37
声帯　3, 5
声調　16, 41, 66, 72
声調アクセント　41
声門　3
声門音　7
声門閉鎖音　63

索　　引

接近音　8
舌根　4
舌尖　4
接続詞　51
狭母音　9, 20
0型アクセント　44
漸強音　14
漸強漸弱音　14
漸弱音　14
漸弱漸強音　14
専門家アクセント　42, 67

騒音　2
双声　102
促音　28
側面接近音　8
側面摩擦音　8
ソシュール　14
そり舌音　7

■タ　行
帯気音化　10
対比強調　18
高さアクセント　16, 41
濁音　37
卓立の強調　18
多型アクセント　69
多型アクセント体系　43
多重語　128
脱落　116
単音　4, 5
短呼　60
単語声調　71

地名　45
中央式アクセント　71
中母音　20
調音　6
長音（長音符）　30
調音音声学　2
調音器官　6

調音点　6, 22
調音法　6, 22
聴覚音声学　2
聴覚器官　1
長呼　60
超分節音　16
超分節音素　12
直音　37

強さアクセント　16, 41

低起式アクセント　71
低母音　20
デクリネーション　53
出わたり　7
添加　116, 119

同音異義語　42
同音衝突　126
頭音転位　120
同化　113
東京式アクセント　66, 70, 71, 74
動詞　48
等時性　39
倒置　127
倒置語　131
特殊拍　27
とびはねイントネーション　56
トルベッコイ　12
トーン　16

■ナ　行
内破音　14
中舌母音　9
中高型アクセント　44

2型アクセント　72
二次的調音　8
二重語　128

二重調音　8
『日本言語地図1』　58
入声韻尾　105, 112
入破音　5
女房言葉　118
昇り核　70
昇り核アクセント　70

■ハ　行
歯　4
肺　3
肺気流機構　5
パイク　12
肺臓気流機構　5
歯裏　4
ハ行転呼音　114
拍　15
歯茎音　6
歯茎硬口蓋音　8
拍内下降　72
破擦音　8, 23
弾き音　8, 23
撥音　27
服部四郎　14
鼻むろ　3, 4
破裂音　7, 22
半疑問イントネーション　56
反射音　2
反切　103
半狭母音　9, 20
半濁音　35
半広母音　9, 20
半母音　24

非円唇母音　9, 20
鼻音　3, 7, 23
鼻音韻尾　104, 112
鼻音化　11
引き音　30
左枝分かれ構造　112
ピッチアクセント　16

ピッチパターン　72, 73
一つ仮名　61
非肺気流機構　5
非肺臓気流機構　5
被覆形　106
表情音　2
広母音　9, 20

フォルマント　21
複合名詞　47
副詞　50
副次的調音　8
二つ仮名　61
補忘記　67
ふるえ音　7
プロミネンス　18

閉音節　15, 39, 83, 98
閉鎖音　7
平叙文　52
平進式　71
平唇母音　9
平板型アクセント　44
平板式アクセント　44
弁慶読み　125
弁別的特徴　12

母音　5, 9, 20
母音交替　106, 127
母音脱落　81
母音調和　101
母音添加　119
母音融合　81
母音連接忌避　81
方言　57
放出音　5
補助記号　10

ポーズ　19

■マ　行
間　19
−1型アクセント　44
−3型アクセント　44
−2型アクセント　44
前舌　4
前舌母音　9
摩擦音　8, 23
マラプロピズム　131

右枝分かれ構造　112
三つ仮名　61
民間語源　122, 125

無核型アクセント　44
無型アクセント　68, 74
無声　6, 10
無声音　23
無声化　31, 114

名詞を作るi　107

『毛端私珍抄』　66
文字言葉　118
モダリティ　53
モーラ　15, 36, 39

■ヤ　行
軟口蓋　4
軟口蓋音　7
軟口蓋気流機構　5

有核型アクセント　44
有気音　10
遊戯音　2

有型アクセント　68
有声　6
有声音　23

拗音　37
四つ仮名　61

■ラ　行
ライマンの法則　111
両唇音　6
琉球方言　62

類音検索　126
類推　121

連声　109, 112
連濁　109

露出形　106

■ワ　行
和語　99
『和字正濫抄』　66
『和字大観抄』　67

■欧　文
false regression　105
haplology　118
IMVE/T　103
meta-analysis　123, 125
n＋1アクセント体系　43
N型アクセント　69
progressive assimilation　113
regressive asimilation　113
spoonerism　120

編著者略歴

沖森　卓也（おきもり　たくや）
1952年　三重県に生まれる
1977年　東京大学大学院人文科学研究科
　　　　国語国文学専門課程修士課程修了
現　在　二松学舎大学文学部教授
　　　　博士（文学）

木村　一（きむら　はじめ）
1971年　東京都に生まれる
1999年　東洋大学大学院文学研究科
　　　　国文学専攻博士後期課程中途退学
現　在　東洋大学文学部教授
　　　　博士（文学）

日本語ライブラリー
日本語の音

定価はカバーに表示

2017年　4月　5日　初版第1刷
2021年10月10日　　　第4刷

編著者	沖　森　卓　也
	木　村　　　一
発行者	朝　倉　誠　造
発行所	株式会社　朝倉書店

東京都新宿区新小川町6-29
郵便番号　162-8707
電　話　03(3260)0141
Ｆ Ａ Ｘ　03(3260)0180
https://www.asakura.co.jp

〈検印省略〉

Ⓒ 2017〈無断複写・転載を禁ず〉　　　印刷・製本　東国文化

ISBN 978-4-254-51615-9　C 3381　　　Printed in Korea

JCOPY ＜(社)出版者著作権管理機構　委託出版物＞

本書の無断複写は著作権法上での例外を除き禁じられています．複写される場合は，そのつど事前に，(社)出版者著作権管理機構（電話 03-5244-5088, FAX 03-5244-5089, e-mail: info@jcopy.or.jp）の許諾を得てください．

| 立教大 沖森卓也編著　拓殖大 阿久津智・東大 井島正博・東洋大 木村　一・慶大 木村義之・早大 笹原宏之著
日本語ライブラリー
日　本　語　概　説
51523-7　C3381　　　　　A 5 判 176頁　本体2300円	日本語学のさまざまな基礎的テーマを，見開き単位で豊富な図表を交え，やさしく簡潔に解説し，体系的にまとめたテキスト。〔内容〕言語とその働き／日本語の歴史／音韻・音声／文字・表記／語彙／文法／待遇表現・位相／文章・文体／研究
立教大 沖森卓也編著　成城大 陳　力衛・東大 肥爪周二・白百合女大 山本真吾著
日本語ライブラリー
日　本　語　史　概　説
51522-0　C3381　　　　　A 5 判 208頁　本体2600円 | 日本語の歴史をテーマごとに上代から現代まで概説。わかりやすい大型図表，年表，資料写真を豊富に収録し，これ1冊で十分に学べる読み応えあるテキスト。〔内容〕総説／音韻史／文字史／語彙史／文法史／文体史／待遇表現史／位相史／他 |
| 立教大 沖森卓也編著
東洋大 木村　一・日大 鈴木功眞・大妻女大 吉田光浩著
日本語ライブラリー
語　　と　　語　　彙
51528-2　C3381　　　　　A 5 判 192頁　本体2700円 | 日本語の語（ことば）を学問的に探究するための入門テキスト。〔内容〕語の構造と分類／さまざまな語彙（使用語彙・語彙調査・数詞・身体語彙，他）／ことばの歴史（語源・造語・語種，他）／ことばと社会（方言・集団語・敬語，他） |
| 前筑波大 北原保雄監修　前東大 上野善道編
朝倉日本語講座 3
音　声　・　音　韻　（新装版）
51643-2　C3381　　　　　A 5 判 304頁　本体3400円 | 〔内容〕(現代日本語の)音声／(現代日本語の)音韻とその機能／音韻史／アクセントの体系と仕組み／アクセントの変遷／イントネーション／音韻を計る／音声現象の多様性／音声の生理／音声の物理／海外の音韻理論／音韻研究の動向と展望／他 |
| 前筑波大 湯澤質幸・筑波大 松崎　寛著
シリーズ〈日本語探究法〉3
音　声　・　音　韻　探　究　法
51503-9　C3381　　　　　A 5 判 176頁　本体2900円 | 〔内容〕音声と意味とはどういう関係にあるのか／美しい日本語とは何か／オノマトペとは何か／外国人にとって日本語の発音は難しいか／五十音図は日本語の音の一覧表か／「バイオリン」か，「ヴァイオリン」か／他 |
| 同志社大 菅原真理子編
朝倉日英対照言語学シリーズ 3
音　　韻　　論
51573-2　C3381　　　　　A 5 判 180頁　本体2800円 | 音韻単位の小さなものから大きなものへと音韻現象や諸課題を紹介し，その底流にある抽象的な原理や制約を考察。〔内容〕音の体系と分類／音節とモーラ／日本語のアクセントと英語の強勢／形態構造と音韻論／句レベルの音韻論／最適性理論 |
| 前筑波大 北原保雄監修　前広大 江端義夫編
朝倉日本語講座 10
方　　　　　　　言　（新装版）
51650-0　C3381　　　　　A 5 判 280頁　本体3400円 | 方言の全体像を解明し研究成果を論述。〔内容〕方言の実態と原理／方言の音韻／方言のアクセント／方言の文法／方言の語彙と比喩／方言の表現，会話／方言の分布／東西方言の接点／琉球方言／方言の習得と共通語の獲得／方言の歴史／他 |
| 奈良大 真田信治編著
日本語ライブラリー
方　　　言　　　学
51524-4　C3381　　　　　A 5 判 228頁　本体3500円 | 方言の基礎的知識を概説し，各地の方言を全般的にカバーしつつ，特に若者の方言運用についても詳述した。〔内容〕概論／各地方言の実態／（北海道・東北，関東，中部，関西，中国・四国，九州，沖縄）／社会と方言／方言研究の方法 |
| 前鳥取大 森下喜一・岩手大 大野眞男著
シリーズ〈日本語探究法〉9
方　　言　　探　　究　　法
51509-1　C3381　　　　　A 5 判 144頁　本体2800円 | 〔内容〕方言はどのようにとらえられてきたか／標準語はどのように誕生したか／「かたつむり」の方言にはどんなものがあるのか／方言もアイウエオの5母音か／「橋」「箸」「端」のアクセントの区別は／「京へ筑紫に坂東さ」とは何のことか／他 |
| 国立国語研 大西拓一郎編
新　日　本　言　語　地　図
　　—分布図で見渡す方言の世界—
51051-5　C3081　　　　　B 5 判 320頁　本体6000円 | どんなことばで表現するのか，どんなものを表現することばか，様々な事象について日本地図上にまとめた150図を収録した言語地図・方言地図集。〔本書は「全国方言分布調査」（国立国語研究所，2010-15）に基づいています。〕 |

上記価格（税別）は 2021 年 9 月現在